플랫폼 제국의 탄생과
브랜드의 미래

플랫폼 제국의 탄생과

브랜드의 미래

김병규 지음

미래의창

브랜드가 나아가야 할
길은 무엇인가

미국과 유럽에서는 구글, 아마존, 페이스북 등 시장에서 강한 지배력을 가진 거대 플랫폼에 대한 논의가 활발히 진행되고 있다. 이들이 시장에 어떤 영향을 미치고 있으며 플랫폼을 이용하는 사업자들을 어떻게 대하고 있는지에 대한 여러 조사가 이뤄지고 있다. 이런 움직임은 한국과는 거리가 먼 일처럼 느껴질지도 모른다. 하지만 한국에도 이미 쿠팡, 네이버, 배달의민족, 카카오와 같은 거대 플랫폼이 등장했고, 이들이 시장에 막대한 영향력을 행사하기 시작했다.

플랫폼은 소비자와 사업자를 연결해주면서 모두에게 전에 없던 많은 혜택과 편리함을 제공해주고 있다. 그래서 플랫폼을 좋게 바라보는 시선이 많다. 그러나 이들도 이익 극대화를 목적으로 하는 기업이다. 시장에서 강한 지배력을 가진 기업은 의도했건 의도하지 않았

건 자신에게 유리한 규칙을 만들고, 다른 사업자를 자신의 밑으로 종속시키며, 대안이 사라진 사업자에게 최대의 이익을 얻어내려 한다. 이 때문에 플랫폼의 위험성에 대해 진지하게 고민해봐야 할 시점이다. 이들이 이뤄낸 성과와 제공하는 혜택에 대해서는 박수를 보내지만, 그렇다고 해서 이들이 다른 여러 사업자에게 미치는 영향을 외면해서는 안 된다. 이것이 이 책을 쓰게 된 이유다. 이 책을 통해 거대 플랫폼이 가진 위험성에 관해 설명하고, 이들에 대항하는 브랜드 전략을 소개하고자 한다.

물론 거대 플랫폼이라고 해서 반드시 나쁜 것은 아니다. 플랫폼이 소비자에게 전에 없던 많은 혜택을 가져다주고 있는 것은 분명한 사실이며 나 자신도 이들이 주는 혜택을 누리며 살아가고 있다. 거대 플랫폼이 가진 위험성에 대해 말하고 싶을 뿐이지 플랫폼 자체를 거부하고자 하는 것은 아니다. 플랫폼이 아무리 강한 지배력을 가졌다 하더라도 스스로 공정한 규칙을 만들고 이를 지켜낸다면 오히려 사회에 큰 기여를 하는 바람직한 기업이 될 수 있다. 이 책이 거대 플랫폼을 보다 바람직한 방향으로 이끄는 데에도 작은 도움이 되길 바란다.

브랜드 3부작의 마지막 책

이 책은 '브랜드 전략서' 3부작의 마지막 책이다. 첫 번째 책은 《노브랜드 시대의 브랜드 전략》으로 이 책에서는 유통을 넘어서 PB 제품을 직접 생산, 판매하는 플랫폼, 즉 P-플랫폼의 등장에 대해 경고하고, 이에 대항하는 전략으로 팬덤 전략을 제시한다. 두 번째 책은 《플라스틱은 어떻게 브랜드의 무기가 되는가》다. 원제는 '플라스틱 시대의 브랜드 전략'이었다. 이 책은 버려진 플라스틱으로 인한 환경 오염 문제를 다루고, 브랜드가 환경 문제에 기여하는 동시에 브랜드의 가치를 높일 수 있는 방법을 제시하고자 했다. 그리고 세 번째이자 마지막인 이 책에서는 '거대 플랫폼 시대에 플랫폼에 대항하는 브랜드 전략'을 말하려고 한다.

세 권의 브랜드 전략서를 관통하는 주제는 '공존'과 '균형'이다. 나는 누군가 강한 힘을 가지는 것보다 모든 사람이 적당히 힘을 나눠 가지는 공존하는 세상을 지향한다. 힘의 불균형이 가져오는 평화보다는 갈등과 경쟁 속에서 변화와 발전이 이뤄지는 세상을 선호한다.

내가 시장을 바라보는 관점도 마찬가지다. 특정 기업이 큰 힘을 가지기보다 큰 기업과 작은 기업이 서로 공정하게 경쟁하면서 공존하는 시장을 원한다. 그래서 첫 번째 책을 통해서는 제조사의 영역으로 넘어온 플랫폼과 기존 기업들 사이의 공존에 기여하고 싶었고, 두 번째 책은 기업과 환경의 공존에 도움이 되고 싶었다. 그리고 이번 책에서는 거대 플랫폼과 이에 대항하려는 사업자들이 균형을 이루며 서로 공존할 수 있는 방법을 찾고자 한다.

마지막으로 지난 17년의 결혼 생활을 함께하고 있는 아내와 세상에서 가장 사랑스러운 아이, 아린에게 고마움을 전한다. 미래의창 김성옥 주간과 김효선 팀장에게도 감사의 마음을 전한다.

김병규

목차

CHAPTER 1

·

플랫폼,
몸집을 키우다

시장의 지형을 뒤흔든
플랫폼

2020년 한국의 소비재 시장 전체 매출액에서 온라인 거래 비중은 33.4%를 차지했다.[1] 전년도와 대비해서 18.6%나 성장했다. 아마존이 소매 시장을 지배하고 있는 미국의 온라인 거래 비중이 아직도 21% 수준인 것과 비교하면 한국의 온라인 거래 비중이 얼마나 높은지 알 수 있다.[2] 그런데 33.4%라는 수치는 사람들이 실제 체감하는 것보다 더 낮은 수치일 것이다. 그 이유는 소매 거래액 안에 주유소, 자동차 영업소, 노점, 방문 판매, 예술품 거래소 등과 같은 주로 오프라인을 통해서만 거래하는 사업자들의 매출이 함께 포함되어 있기 때문이다. 보다 현실적인 수치는 소비재 유통업체들의 매출만을 비교할 때 드러난다.

백화점, 대형마트, 준대규모 점포SSM 등 오프라인 유통업체와

2020년 한국 주요 유통업체의 온라인 매출 비율

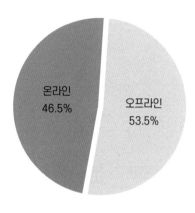

온라인
46.5%

오프라인
53.5%

출처: 산업통상자원부

온라인 유통업체의 매출을 비교한 자료를 보면, 한국의 온라인 거래 비중은 2020년에 46.5%였다.[3] 2020년 3월에는 50%를 기록하기도 했다. 소비재 매출 가운데 온라인 거래가 절반 가까이 차지하는 것이다. 이 정도면 한국의 소비재 시장은 본격적으로 온라인 시대가 시작되었다고 볼 수 있다.

온라인으로 모든 것이 해결되는 시대

온라인은 소비자들에게 많은 혜택을 가져다준다. 오프라인 매장보다 제품을 더 저렴하게 살 수 있고, 필요한 제품을 찾기 위해 여러 매장을 돌아다닐 필요도 없다. 최근에는 익일 배송이나 무료 반품 서비스를 제공하는 곳도 늘어나고 있다. 어찌 보면 소비재 시장이 오프라인에서 온라인 중심으로 빠르게 재편되고 있는 것은 당연한 일이다. 나역시 쿠팡, 네이버쇼핑, 배달의민족, SSG닷컴, 무신사, 마켓컬리와 같은 다양한 온라인 플랫폼을 이용해서 쇼핑을 한다.

사실 온라인 플랫폼의 등장은 꽤 오래전 일이다. 미국의 아마존이 온라인으로 도서를 판매하기 시작한 것이 1994년이었고, 한국 최초의 전자상거래 업체인 인터파크가 등장한 것은 1997년이다. 당시 많은 사람들은 조만간 오프라인 매장들이 사라지고 온라인 세상이 올 것이라고 예상했다. 아마존의 CEO인 제프 베이조스도 그런 사람 중 하나였다. 베이조스는 이미 1999년에 미국의 IT 전문잡지 《와이어드Wired》와의 인터뷰에서 "길거리 상점들은 사라지게 될 것이다Strip malls are history"라고 말한 바 있다.

하지만 베이조스가 말한 길거리 상점이 사라지고 온라인이 지배하는 세상은 좀처럼 오지 않았다. 온라인 플랫폼은 배송 기간이길고 소비자들에게 제품에 관한 충분한 정보를 전달하는 데 한계가 있었기 때문이다. 1999년에 실시한 한국소비자보호원의 조사에 따르면 응답자의 44.7%가 온라인 플랫폼을 통한 거래에 불만을 품고있었는데, 그 이유로 가장 많이 선택된 것이 불충분한 제품 정보였고, 두 번째가 긴 배송 기간이었다.[4] 이러한 이유로 온라인 플랫폼은 크게 주목받지 못했고, 오랜 기간 소비자들은 온라인보다 오프라인 매장을 직접 방문하는 것을 더 신호했나.

그런데 불과 몇 년 사이에 온라인 플랫폼의 제약 요인들이 모두 사라졌다. 대부분의 플랫폼이 하루 혹은 이틀 배송을 할 정도로 배송 기간이 단축되었고, 당일 배송, 새벽 배송, 한 시간 이내의 근거리 배송까지 등장했다. 또한 제품을 구매한 소비자들의 실제 리뷰와 유튜브 같은 온라인 미디어를 통한 영상 정보 제공으로 제품에 대한 다양한 정보를 얻을 수 있게 되면서 제품을 직접 보지 않고도 소비자들이 쉽고 빠르게 구매 결정을 내릴 수 있게 되었다.

여기에 더해 결제 시스템의 발전이 온라인 플랫폼의 성장에 큰 기여를 하게 된다. 과거 많은 소비자가 제품 가격이 더 비쌌음에도 오프라인 매장을 직접 방문했던 이유 가운데 하나는 온라인 결제 시스템의 불편함 때문이었다. 2010년대 중반까지만 하더라도 온라인에서 제품을 구매하기 위해서는 컴퓨터에 여러 프로그램을 설치해야 했고, 공인인증서를 통한 인증 등 결제 절차가 복잡하고 어려웠다. 이는 많은 사람들에게 번거롭고 귀찮은 일이었다. 온라인 거래의 안전성에 대한 우려 또한 컸는데, 사람들은 자신의 금융 정보가 유출되는 것을 염려했고, 실제로도 개인 금융 정보가 유출되는 일이 꽤 자주 일어났다. 그러나 핀테크 기술이 발달하면서 온라인을 통한 금융 거래가 과거와는 비교할 수 없을 정도로 간단해지고, 안전성도 높아지면서 온라인 거래를 가로막던 중요 장벽이 사라지게 되었다.

이렇게 결제 방법이 쉽고 간편해지면 소비는 증가하는 현상이 나타난다. 직접적으로 현금이 오가지 않으면 돈을 쓴다는 느낌이 덜 느껴져 소비자는 지출에 대한 제어력을 잃게 된다. 현금보다 신용카드를 사용할 때 더 많이 소비하게 되는 것도 같은 이유다. 온라인을 통한 결제는 신용카드보다 돈을 쓴다는 느낌이 훨씬 덜 든다. 신용카드는 최소한 카드를 지갑에서 꺼내 건네는, 현금 결제와 유사한 행동을 해야 하는 노력이 필요하지만, 온라인 결제는 클릭 한 번이나 지문 인식(터치)만으로 끝나기 때문이다. 온라인 플랫폼의 결제 시스템은 앞으로 더 간단하고 편리하게 진화할 것이고, 온라인 플랫폼이 금융 서비스를 통해 소비자들에게 직접 돈을 빌려주기까지 하면서 더 많은 지출을 유도할 것이다.

코로나 사태로 날개 단 온라인 플랫폼

온라인 성장에는 예상치 못한 이유도 있다. 2019년 말에 터진 코로나19는 모든 것을 변화시켰다. 특히 온라인 시대를 앞당기는 데 결정적인 역할을 했다. 코로나19로 인해 대부분의 나라는 사람들의 외출(이동)을 제한했고, 한국의 경우 사회적 거리 두기가 실시되면서 온라인 플랫폼을 통한 비대면 구매가 크게 증가했다. 오프라인 매장 이용을 선호하던 사람들조차 팬데믹 현상이 찾아오자 온라인 플랫폼을 적극적으로 이용하기 시작했다. 닐슨코리아 보고서에 따르면 2020년 1분기 일용 소비재 분야에서 온라인 플랫폼 신규 이용자가 급증했는데, 그중에서 54.1%가 50대 이상으로 집계되었다.[5] 코로나19가

유행하지 않았다면 이들 중 상당수는 끝까지 온라인 플랫폼을 이용하지 않았을지도 모른다. 코로나19는 온라인 거래에 익숙하지 않은 고령층 소비자들마저 온라인 세계로 끌어들였다.

온라인 거래를 하기 위해서는 회원가입을 해야 하고, 결제 방법을 익혀야 하며, 제품을 검색하고, 가격을 비교할 수 있는 요령을 습득해야 하는 등 생각보다 많은 초기 비용이 발생한다. 코로나19는 이러한 수고를 소비자들이 반강제적으로 받아들이게 만들었고, 온라인 플랫폼들은 초기 비용을 상쇄할 수 있을 만큼의 다양한 혜택과 편리함을 그들에게 제공했다. 이를 경험한 소비자들은 더 이상 오프라인 매장을 고집할 이유가 없어졌고, 코로나19가 완전히 종식된 후에도 오프라인 매장으로 돌아가지 않을 것으로 보인다. 사회적 거리 두기에 대한 반발이나 피로감으로 오프라인 매장의 매출이 일시적으로 증가할 수는 있어도 장기적으로는 코로나19 이전의 매출을 회복하기 어려울 것이다.

플랫폼의 양면 네트워크 효과

디지털 기술이 발달함에 따라 소비재 시장이 오프라인 중심에서 온라인 중심으로 전환하는 것은 자연스러운 일이다. 온라인 거래는 소비자에게는 편리함을, 사업자에게는 전에 없던 많은 기회를 제공한다. 소비자들은 필요한 제품을 쉽고 빠르고 저렴하게 살 수 있고, 제조사는 높은 비용이 드는 매장을 운영하지 않고도 제품을 판매할 수 있다. 이전에는 유통업체만 보유할 수 있었던 고객 데이터를 제조사가 직접 확보할 수 있게 되면서 고객 데이터를 기반으로 제품을 개발하고, 고객에게 맞춤화된 서비스를 제공할 수 있게 되었다. 창업자나 소규모 업체도 오프라인 유통업체에 입점할 필요 없이 오픈마켓을 통해 직접 소비자들을 찾아내는 것이 가능하다. 반대로 오프라인 유통업체도 온라인 쇼핑몰을 도입해 온라인과 오프라인 구분 없이 소비자들에게 다양한 제품과 서비스를 제공할 수 있다.

소비재 시장이 온라인 중심으로 변해가는 것은 리테일의 오랜 역사 속의 수많은 변화 중 하나일 뿐이다. 그 변화에서 기회를 얻는 자가 있고, 적응하지 못하는 자가 생기는 것 또한 지난 수백 년간 반복되어왔던 일이다. 이는 지극히 자연스러운 흐름으로 리테일이 온라인 중심으로 변하는 것은 문제가 아니다. 리테일의 진짜 위험은 온라인 시장의 규모가 커질수록 시장을 지배하는 거대 플랫폼이 등장할 가능성이 커진다는 점이다.

지금의 온라인 리테일 규모를 키우는 데 앞장서고 있는 것은 플랫폼이다. 플랫폼은 양면 네트워크 효과에 기반해 한 플랫폼이 많은 판매자를 유치하면 제품의 다양성이 증가하고, 판매 가격이 낮아지면서 그 플랫폼을 이용하려는 소비자가 증가한다. 소비자가 증가하면 이들에게 제품을 판매하려는 판매자는 더욱 증가하게 된다. 즉, 판매자가 소비자를 끌어들이고, 소비자가 판매자를 끌어들이는 것이다. 이러한 양면 네트워크 효과로 인해 하나의 플랫폼이 시장에서 앞서 나가기 시작하면 더 많은 판매자와 소비자가 그 플랫폼으로 유입되면서 시장에서 지배적인 영향력을 행사할 수 있는 거대 플랫폼으로 성장한다.

오프라인 리테일은 시장에 지배적인 사업자가 등장하기 어려운 구조다. 매장이 가진 물리적 제약으로 한 사업자가 모든 소비자에게 동일한 접근성을 가질 수 없기 때문이다. 대형 매장도 어떤 소비자에게는 가깝고, 어떤 소비자에게는 멀 수밖에 없다. 매장의 크기에 따라 취급할 수 있는 제품과 서비스의 종류에도 제한이 있어서 큰 규모의 유통업체도 시장 지배력에는 한계를 가진다. 한국의 대표적인 대형마트인 이마트가 아무리 규모를 키워도 여전히 복수의 다른 대형마트가 존재하고, 수많은 중소 규모의 매장이 존재하는 것도 매장이 가진 물리적 제약 때문이다. 이에 반해 온라인은 물리적인 한계가 없다. 하나의 플랫폼이 모든 소비자에게 동일한 접근성을 가질 수 있고, 소비재 시장에서 판매되는 모든 제품을 판매하는 것도 가능하다. 시장에서 한 업체가 100%의 점유율을 가지는 게 온라인 플랫폼에서는 불가능한 일이 아니다.

플랫폼이 받고 있는 막대한 투자금도 플랫폼의 거대화를 이끄는 중요한 요인이다. 많은 플랫폼은 적자 상태에서 투자금으로 운영되고 있다. 쿠팡이 미국 증권거래위원회에 제출한 신고 서류를 보면 2020년 영업손실은 5억 2,773만 달러(5,842억 원), 누적 적자는 41억 1,800만 달러(4조 5,430억 원)다. 플랫폼이 이렇게 큰 적자를 내면서도 투자를 계속해서 받고 있는 이유는 거대 플랫폼의 위치에 올라섰을 때 장기적으로 얻을 수 있는 수익이 엄청나기 때문이다. 플랫폼은 양면 네트워크 효과로 시장에서 지배적인 영향력을 행사할 수 있는 가능성이 존재해 판매자들에게 높은 광고료와 수수료를 부담시킬 수 있고, 시장에서의 지위와 많은 이용자를 기반으로 사업 영역을 다방면으로 확장할 수 있다. 실제로 아마존의 경우 오랜 기간 적자를 기록하다가 2015년 이후로는 수익이 빠르게 증가하고 있다. 사업 영역도 소비재 제품 판매를 넘어 콘텐츠 제작과 판매, 집수리 및 전자제품 설치 서비스, 조제약 판매와 사업 자금 대출까지 점점 더 다양해지고 있다. 당장은 적자를 기록해도 지배적인 영향력을 가진 플랫폼이 얻을 수 있는 장기적인 수익이 엄청나므로 투자자들은 거대화할 가능성이 가장 큰 플랫폼에 투자함으로써 플랫폼의 거대화를 돕고 있는 것이다.

거대 플랫폼 시대가
오다

미국에는 아마존이라는 독점적 위치의 거대 플랫폼이 존재한다. 미국 온라인 소매 시장에서 아마존의 매출 비중은 50%가 넘는 것으로 추정되고,[6] 아마존의 유료 회원 서비스인 아마존 프라임에 가입한 사람 수는 무려 1억 2,600만 명에 달한다(2021년 1분기 기준).[7] 미국의 18세 이상 성인 인구수가 2억 5,500만 명(2019년 미국 센서스 데이터 기준)인 것을 고려하면 미국 성인의 절반이 아마존 프라임 서비스에 가입한 것이다.

　한국의 소매 시장은 얼마 전까지만 해도 아마존과 같은 거대 플랫폼이 없었다. 한국에서는 쿠팡, 11번가, G마켓, 옥션, SSG닷컴, 위메프, 티몬, 롯데닷컴 등 수많은 플랫폼이 오랫동안 경쟁하며 공존해왔다. 거대 플랫폼은 한국과는 거리가 먼일이라 여겨졌다. 그런데 최근 들어 거대 플랫폼으로 부를 만한 플랫폼들이 나타나기 시작했다. 바로 쿠팡, 네이버, 그리고 배달의민족이다. 물론 아직 독점적 위치까지는 아니지만, 최소한 '강한 지배력'을 가진 플랫폼이라 부를 수 있을 만큼 성장했다.

쿠팡의 거래액*은 2020년에만 21조 7,485억 원을 기록했다. 2020년 한 해 동안 한국 소매 시장의 온라인 거래액이 159조 원[8]인 것과 비교하면, 전체 온라인 거래액의 13.6%가 쿠팡에서 발생한 것이다. 네이버쇼핑의 거래액은 이보다 많은 26.8조 원으로 전체 거래액의 16.8%에 해당한다. 이 두 업체의 거래액이 한국 온라인 거래의 30% 이상을 차지한다는 점에서 이들을 거대 플랫폼이라고 부르는 데 무리는 없을 것이다. 그런데 이보다 중요한 것은 성장률이다. 2017년 기준으로 쿠팡의 거래액은 5조 원 규모로, 전체 거래 규모의 5.4%에 불과했다. 네이버쇼핑의 거래액은 7조 원으로 7.4%였다. 3년이라는 짧은 기간 동안 이들의 영향력이 무려 151%(쿠팡), 121%(네이버쇼핑) 증가한 것이다. 많은 리테일 전문가들은 쿠팡과 네이버쇼핑이 조만간 한국의 소매 시장 대부분을 차지할 것이라고 예상하고 있다.

이와 함께 주목해야 할 플랫폼이 하나 더 있다. 바로 배달의민

---

* 거래액은 쿠팡이나 네이버쇼핑 등 플랫폼을 통해서 발생한 모든 거래의 총액을 말한다. 오픈마켓을 통해 발생한 거래 규모를 포함하는 개념이므로 플랫폼 사업자의 매출액과는 다르다.

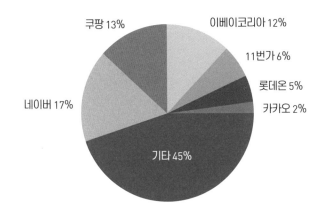

쿠팡 13%
이베이코리아 12%
11번가 6%
롯데온 5%
카카오 2%
네이버 17%
기타 45%

출처: 교보증권

족이다. 코로나19로 배달음식 시장이 커지면서 여러 플랫폼이 이 시장에 뛰어들고 있지만, 배달의민족은 전체 배달음식 시장의 약 60%의 시장 점유율을 차지하는 초거대 플랫폼이다.[9] 배달의민족은 이런 성장세에 힘입어 B마트라는 서비스를 통해 소비재 유통에도 직접 나서고 있다. '30분 내 배송'이라는 속도를 무기로 편의점과 소형 슈퍼마켓의 영역이었던 골목 상권을 빠르게 장악 중이다.

현재 한국의 소비재 시장은 완전히 온라인 시대로 접어들었다. 이는 미국의 아마존과 같은 시장을 지배하는 거대 플랫폼의 등장을 의미한다. 쿠팡, 네이버, 배달의민족을 보면 이미 이러한 흐름은 시작된 것 같다. 앞으로 거대 플랫폼이 시장에 등장하게 되면 사업자들은 플랫폼에 종속되거나 사라지거나, 두 가지 선택지만 가지게 될 것이다. 그래서 지금이 중요하다. 거대 플랫폼의 회오리 속에 침몰하지 않으려면 이에 맞설 수 있는 방법을 찾아야 한다.

CHAPTER 2

·

한국의 4대 거대 플랫폼
: 쿠네배카

한국의 아마존을 꿈꾸는
쿠팡

쿠팡은 재미교포 김범석 대표가 2010년에 설립한 쇼핑 플랫폼이다. 원래는 공동구매 방식의 소셜커머스 업체로 시작했지만, 소셜커머스의 인기가 하락하자 2014년부터 온라인 쇼핑몰로 사업 방향을 전환했다. 2015년에 1조 1천억 원의 매출에서 2020년 13.3조 원으로 6년 만에 무려 1천%나 성장하며 한국에서 가장 큰 쇼핑 플랫폼이 되었다. 이에 비해 옥션, G마켓, G9 세 개를 보유한 국내 2위 플랫폼인 이베이코리아의 2020년 매출은 1.5조 원에 불과했다. 매출 규모가 쿠팡의 6년 전 수준인 것이다. 쿠팡은 2021년 3월 뉴욕 증권거래소에 상장되면서 상장일 기준으로 시가총액이 100조 원에 달하는 초거대 기업이 되었지만, 비슷한 시기(2021년 6월) 이베이코리아는 3조 4,400억 원으로 신세계그룹에 매각되는 것이 결정되었다.

쿠팡 vs 이베이코리아 매출액 비교

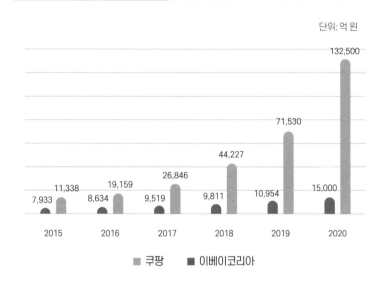

단위: 억 원

출처: 더벨

플랫폼 거래액에서도 쿠팡은 이베이코리아를 앞선다. 세 개의 대형 플랫폼을 보유하면서 이베이코리아의 거래액은 줄곧 쿠팡을 앞섰었지만, 2019년을 기점으로 쿠팡이 이베이코리아를 역전했다. 2019년 쿠팡의 총 거래액은 17조 771억 원으로, 이베이코리아의 거래액인 16조 9,772억 원(세 개의 플랫폼을 모두 합친 거래액)을 넘어섰다.[1] 특히 거래액 성장률에서 쿠팡과 이베이코리아는 비교가 되지 않는다. 2019년 쿠팡의 거래액 성장률은 57%에 달한 반면 이베이코리아는 전년도와 큰 차이 없이 정체된 상태다.

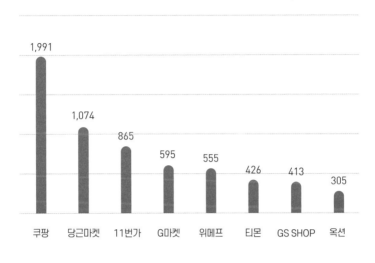

단위: 만 명(2020년 9월 기준)

쿠팡	당근마켓	11번가	G마켓	위메프	티몬	GS SHOP	옥션
1,991	1,074	865	595	555	426	413	305

출처: 모바일인덱스

모바일 방문자 수에서도 쿠팡의 상승세를 확인할 수 있다. 2015년 4분기 모바일 순 방문자 자료를 보면 당시 1위는 G마켓이었다. G마켓이 1,213만 명으로 가장 많았고, 쿠팡은 954명으로 3위였다. 하지만 2018년 12월을 기점으로 1위로 올라선 쿠팡은 그 이후 줄곧 1위 자리를 지키고 있다. 모바일인덱스에 따르면 2020년 9월 쿠팡의 모바일 앱 사용자 수는 무려 1,991만 명에 달한다. 2위는 1,074만 명의 당근마켓, 3위는 865만 명의 11번가였다. G마켓은 595만 명으로 4위였고, 옥션은 305만 명으로 간신히 10위 권에 들어갔다.[2]

아마존의 직매입 방식을 따르다

"한국에 아마존이 들어올까요?" 지금으로부터 4년 전 내가 강의하던 MBA 수업에서 한 학생이 이렇게 질문했다. 교수 입장에서 솔직히 이런 질문을 받으면 곤란하다. 일단 아마존이 내부적으로 한국 진출 계획이 있는지 알 수 없고, 진출 계획이 있더라도 어떤 형태가 될지 예측하기 어렵기 때문이다. 그래서 나는 아마존이 한국에 들어올지에 대한 대답 대신에 이렇게 말했다. "아마존이 한국에 들어올 필요가 있을까요? 한국에는 이미 아마존이 있잖아요, 쿠팡이요."

쿠팡은 사실상 한국의 아마존이다. 단지 쿠팡이 한국의 1위 쇼핑 플랫폼이라서가 아니다. 쿠팡은 아마존의 사업 방식을 그대로 차용하고 있다. 쿠팡이 아마존을 따라 하고 있는 것은 제품 페이지 구성, 유료 회원제, 고객 체험단, OTT 서비스, PB 제품 출시 등 수없이 많지만, 그중에서도 가장 핵심은 직매입 방식이다.

온라인 쇼핑몰에는 두 가지 유형이 존재한다. 하나는 오픈마켓이고, 다른 하나는 직매입 방식이다. 오픈마켓은 말 그대로 개방된 형태의 C2C consumer-to-consumer 플랫폼을 말한다. 판매자가 플랫폼에 직접 제품 정보를 올리고, 고객 대응이나 배송도 직접 한다. 플랫폼은 오픈마켓 판매자로부터 수수료를 받아서 수익을 낸다. 미국의 이베이, 한국의 옥션, G마켓, 11번가, 중국의 타오바오 등이 대표적인 오픈마켓이다. 반면 직매입 방식은 플랫폼이 판매자로부터 제품을 매입해서 물류 창고에 보관하고 자신들이 직접 고객에게 배송

하는 형태다. 미국의 아마존, 한국의 쿠팡과 마켓컬리가 직매입 방식을 사용하는 쇼핑몰이다.

많은 사람들은 오픈마켓을 쇼핑 플랫폼의 이상적인 형태로 간주한다. 플랫폼으로서는 재고를 보유하지 않고 수수료로 수익을 낼 수 있으며, 판매자 입장에서도 중간 유통 단계를 거치지 않고 직접 소비자를 찾아내고 판매할 수 있기 때문이다. 하지만 오픈마켓은 성장에 한계가 있다. 판매자가 직접 제품을 판매하고 배송한다는 것은 제품의 품질, 배송 기간, 환불이나 교환 등 고객 서비스에 대한 모든 것을 전적으로 판매자에게 맡긴다는 것을 의미한다. 소비자 측면에서는 저품질 제품이나 가짜 제품을 받을 위험이 존재하고, 배송 기간이 예상보다 길어질 수도 있으며, 교환이나 환불이 어려울 수도 있다. 많은 소비자는 이러한 위험을 감수하고 싶어 하지 않는다. 이런 점에서 오픈마켓은 시장 지배력을 넓히는 데 태생적 한계를 가지고 있다.

오픈마켓의 더 큰 문제는 충성 고객 확보가 어렵다는 점이다. 소비자가 유통 채널의 충성 고객이 되는 데 영향을 미치는 것은 단지 제품과 가격만이 아니다. 검색, 주문, 결제, 배송, 교환과 환불 등 고객 서비스 모든 측면에서 만족스러운 경험이 제공되어야 충성 고객을 만들 수 있다. 하지만 오픈마켓은 고객 경험에 필수적인 요소들을 판매자에게 맡기고 있는 방식이라 플랫폼에 대한 충성 고객을 만들기 어렵다. 직매입 방식은 고객이 경험하는 모든 부분을 플랫폼이 직접 관리하고 있어서 빠른 배송뿐 아니라 고객 대응, 교환 및 환불에 이르는 고객 서비스 전반에서 수준 높은 서비스를 제공할 수 있다. 또한 플랫폼이 매입할 제품을 직접 선별해서 고객에게 추천해주므로 고객이 직접 수많은 제품을 일일이 비교해야 하는 부담도 적고, 가짜 제품을 살 위험도 거의 없다. 물론 직매입 방식으로 플랫폼을 운영하기 위해서는 물류 시스템에 대한 큰 투자가 뒷받침되어야 하지만, 플랫폼에 대한 소비자의 만족도를 높일 수 있어 충성 고객 확보에 절대적으로 유리한 방식이다. 단, 직매입 방식은 매입할 제품을 직접 선별해서 취급하므로 취급할 수 있는 품목에 한계가 있다. 따라서 다양한 제품 확보를 위해서는 직매입 방식과 오픈마켓을 병행하는 게 좋다. 직매입 방식에 기반한 고객 서비스로 충성 고객을 확보하고, 오픈마켓의 제품 다양성을 통해 회원 수를 확대하는 것이 온라인 리테일에서 가장 이상적인 비즈니스 모델이라고 볼 수 있다.

현재 온라인 리테일에서 최강자로 꼽히는 아마존이 직매입과 오픈마켓의 혼합 형태로 운영하고 있다. 20년 전만 하더라도 이베이와 아마존은 미국의 전자상거래 시장에서 대등한 경쟁자였다. 그런데 지난 20년간 이베이가 오픈마켓 방식을 고집하는 동안 아마존은 직매입 방식의 완성도를 높이기 위해 대규모 물류 센터를 미국 곳곳에 건립했고, 이를 통해 빠른 배송과 수준 높은 고객 서비스를 제공했다. 고객지향적인 아마존의 전략적 선택 결과는 시장 점유율의 커다란 차이로 나타났다. 뱅크오브아메리카가 발표한 자료를 보면 2020년 2월 미국 온라인 소매 거래액에서 아마존의 점유율은 44%인 반면 같은 시기 오픈마켓만 운영하는 이베이의 점유율은 겨우 5%였다.[3] 이베이는 심지어 2020년 월마트에 밀려 3위로 떨어졌다.

전통적인 오프라인 유통업체인 월마트도 아마존처럼 직매입과 오픈마켓을 병행하는 비즈니스 모델을 도입한 이후 지속적인 성장세를 보이며 이베이를 밀어내고 2위를 차지했다.

아마존의 성공으로 한국의 플랫폼 사업자들도 직매입 방식의 유리함을 잘 알고 있다. 하지만 직매입 방식을 제대로 운영하기 위해서는 물류 시스템에 대한 천문학적 투자가 필요해 누구나 할 수 있는 방식은 아니다. 아마존도 회사 창립 후 7년이 지나서야 처음 흑자를 기록했고, 그 후로도 오랜 기간 흑자와 적자 상태를 오고 가는 일이 반복되다가 2015년이 되어서야 지속적인 이익을 내기 시작했다. 창업한지 10년이 넘은 쿠팡은 여전히 적자 상태로 운영되고 있다. 직매입 방식으로 성공하기 위해서는 결국 오랜 기간 적자 상태를 유지할 수 있어야 하는데, 쿠팡은 일본 소프트뱅크의 큰 투자금을 기반으로 적자 상태 속에서도 물류 시스템에 투자할 수 있었다. 현재 쿠팡의 직매입 방식은 아마존 수준에 근접할 정도로 발전했고, 쿠팡의 성장세는 이제부터 더욱 본격화될 것으로 보인다.

쿠팡의 성장세가 두드러지자 오픈마켓들은 풀필먼트fulfillment 시스템(판매자가 판매할 물건을 플랫폼에 위탁 및 배송하는 형태)을 도입해 배송 기간을 줄이려고 노력하고 있다. 이베이코리아의 스마일배송이 대표적인 예다. 하지만 배송 기간은 직매입 방식이 가진 여러 강점 중 하나일 뿐, 이보다 더 중요한 것은 플랫폼에 대한 충성 고객을 확보하는 일이다. 아무리 오픈마켓이 쿠팡에 대항하기 위해 여러 노력을 기울여도 충성 고객을 확보하는 데 있어 큰 이점을 가진 직매입 방식의 쿠팡과 경쟁하기는 어려울 것으로 예상된다.

충성 고객의 중요성

아마존의 사업 전략의 핵심은 고객 중심성customer centricity으로, 아마존의 CEO 제프 베이조스가 직원들에게 숙지시키는 아마존의 행동 원칙 첫 번째가 '고객 집착'이다. 베이조스는 직원들에게 충성 고객을 만들고 충성 고객의 신뢰를 얻는 것이 아마존의 가장 중요한 목표라 말한다. 실제로 나는 아마존의 고객 중심성을 경험한 적 있는데, 2010년 미국에서 교수를 하던 시절 아마존에서 제품을 주문한 적이 있다. 그런데 주문한 제품을 받기 직전에 이사를 하게 되었고, 당연히 주문한 제품은 받지 못했다(아마도 이전 집으로 배송되었을 것이다). 사실 이사할 집으로 주문하지 않은 내 실수였지만, 나는 이를 해결하고자 아마존 고객센터에 전화를 걸어 주문한 제품을 못 받았다고 말했다. 자초지종을 설명하려 했지만, 고객센터 직원은 이유도 묻지 않고 내게 미안하다고 사과하며, 다시 제품을 보내주겠다고 했다. 며칠 후 나는 주문한 제품이 들어 있는 아마존 박스를 받았다. 그로부터 몇 주가 지난 후에야 원래 주문했던 아마존 박스가 우체국을 돌고 돌다가 이사한 집으로 배달되었다. 나는 이미 제품을 받았기에 아마존 고객센터에 전화를 걸어 이전에 못 받았던 제품을 받았는데, 어떻게 반품해야 하는지 물었다. 그러자 직원은 "그것도 그냥 가지세요"라고 답했다. 나는 주문한 제품을 모두 두 개씩 받게 된 것이다. 더 놀라운 건 이 일이 무려 10년도 더 지난 2010년 일이라는 것이다. 지금은 온라인 플랫폼의 고객 서비스가 전반적으로 좋아졌지만, 이런 수준의 고객 서비스는 당시 미국에서도 상상하기 어려운 일이었다.

플랫폼의 록-인 효과

아마존이 이토록 충성 고객을 중요하게 생각하는 이유는 무엇일까? 크게 두 가지 이유가 있는데, 첫째, 록-인lock-in 효과다. 일반적으로 소비자들은 구매할 제품을 결정한 다음에 구입처를 결정한다. 자신이 구입하고 싶은 제품을 선택한 후, 판매처의 가격이나 후기, 배송 기간 등을 비교해 제품을 살 판매처를 선택한다. 그런데 아마존의 충성 고객은 판매처에 대한 선택을 하지 않는다. 아예 처음부터 아마존에서 제품을 검색하고, 가격을 비교하고, 구매까지 한다. 다른 매장에서 동일한 제품을 더 낮은 가격에 판매하더라도 다른 곳의 판매 가격을 찾아볼 생각조차 안 한다. 다른 플랫폼에서 더 좋은 제품을 더 낮은 가격으로 살 수도 있지만, 이런 가능성을 스스로 차단하는 것이다. 이것이 소비자를 아마존에 가두는 록-인 효과다. 플랫폼은 이런 충성 고객을 많이 확보해야 높은 매출을 올릴 수 있다.

한국의 아마존을 표방한 쿠팡도 직매입 방식과 뛰어난 고객 서비스로 많은 충성 고객을 확보하고 있다. 월 2,900원을 내야 하는 쿠팡의 유료 회원 수가 2020년 기준으로 470만 명에 이를 정도다.[4] 쿠팡의 충성 고객은 쿠팡 앱 사용자를 통해서도 확인할 수 있는데, 한

조사에 따르면 다른 플랫폼 앱을 이용하지 않고 쿠팡 앱만 이용하는 소비자가 28.29%다.[5] 사용자 수에서 2위 플랫폼인 11번가의 단독 사용자 비율이 6.17%인 것과 비교하면 쿠팡의 충성 고객 규모가 얼마나 큰지 알 수 있다. 즉, 많은 사람들이 쿠팡에 록-인되어 있는 것이다. 이들은 제품을 구매할 때 쿠팡에서만 제품을 검색하고 비교하며 살 가능성이 크다. 쿠팡의 충성 고객은 매출에 크게 기여할 뿐만 아니라 구매 후기 작성에도 적극적으로 참여한다. 양질의 구매 후기가 많아지면 더 많은 소비자가 쿠팡으로 유입되고, 이는 더 많은 판매자의 유입으로 이어진다. 이러한 효과가 계속되면 판매자들로부터 벌어들이는 수수료와 광고료 수입이 증가하게 된다.

충성 고객은 신사업의 토대

충성 고객이 중요한 두 번째 이유는 사업 확장이다. 플랫폼의 충성 고객은 플랫폼이 시작하는 새로운 서비스에 대한 수용도가 높다. 아무리 유통 플랫폼이 시장에서 강한 지배력을 가지고 있어도 소비재 유통을 통해서 플랫폼이 얻을 수 있는 수익은 매우 제한적이다. 2019년에 소비재 유통에서 나온 아마존의 영업 이익은 −1%였다.[6] 그런데도 아마존이 여전히 세계 최고의 기업 가치를 인정받는 이유는 충성 고객을 기반으로 다양한 영역에서 충분한 수익을 낼 수 있기 때문이다. 아마존은 소비재 유통과 더불어 콘텐츠 스트리밍, 홈 서비스(집수리나 가전제품 설치 등), 조제약 판매, 대출 서비스 등 다양한 서비스를 제공하고 있고, 사업의 범위도 계속해서 확대하고 있다. 새로운 서비

쿠팡은 충성 고객을 기반으로 배달 앱 쿠팡이츠를 출시했다. '한집배달'이라는 점을 내세워 배달음식 시장에 성공적으로 진입했다는 평가를 받는다.

스들은 앞으로 아마존의 수익에 큰 역할을 할 것이고, 새로운 서비스에 대한 수용도가 높은 충성 고객이야말로 아마존의 미래 사업을 키울 수 있는 중요한 씨앗이다.

쿠팡도 충성 고객을 기반으로 점차 사업 영역을 확장하고 있다. 이미 쿠팡이츠를 통해 배달음식 시장에 성공적으로 진입했고, 넷플릭스와 같은 OTT 서비스인 쿠팡플레이를 제공하고 있으며, 현재 중고차 거래 사업 진출도 예상된다. 앞으로 쿠팡을 신뢰하는 충성 고객층이 더 두터워지고, 쿠팡의 수익률이 더 높아지면 쿠팡이 진행하는 모든 사업 영역에서 쿠팡은 강한 시장 지배력을 가지게 될 것이다.

모든 것을 빨아들이고 있는
네이버

네이버는 한국인이 가장 많이 사용하는 정보 검색 플랫폼이다. 네이버의 검색 시장 점유율은 약 60%로 알려져 있다.[7] 경쟁사인 다음의 점유율은 5%가 채 되지 않는다. 다나와, 에누리 등 가격 비교 플랫폼으로 범위를 줄이면 네이버의 시장 점유율은 훨씬 더 높아진다. 한국의 가격 비교 검색 시장에서 사실상 네이버가 독점적 위치의 사업자라고 볼 수 있다.

현재 네이버는 정보 검색 시장에서의 지배력을 쇼핑 영역에 접목해 쇼핑 플랫폼으로도 크게 성장하고 있다. 온라인 소매 시장에서 네이버쇼핑의 매출 규모는 아직 쿠팡에 뒤처져 있지만, 네이버쇼핑의 가격 비교 서비스를 통해 이뤄진 모든 거래, 즉 거래액 기준으로는 오히려 쿠팡을 크게 앞지르고 있다. 네이버가 운영하는 오픈마켓인 스마트스토어도 빠르게 성장해 2020년 12월 스마트스토어를 이용하는 사업자 수가 41만 명을 넘어섰다.[8]

구글을 뛰어넘는 네이버 파워

쿠팡이 한국의 아마존이라면 네이버는 한국의 구글이다. 구글과 네이버 둘 다 정보 검색 엔진 플랫폼*으로, 두 플랫폼 모두 필요한 정보를 찾을 수 있는 편리한 도구로서 사람들이 일상에서 가장 많이 활용한다. 특히 한국에서는 네이버의 이용률이 압도적으로 높다. 일례로, 대형 제조사 직원들과 프로젝트 미팅 중에 어떤 인물을 찾아보라고 한 적이 있다. 이 제조사는 네이버쇼핑의 성장을 커다란 위협으로 인식하고 있는 업체였기에 당연히 이들이 구글을 이용해 인물을 검색할 줄 알았다. 하지만 미팅에 참여한 모든 사람이 네이버를 이용하는 것을 보고 많이 놀랐다.

그러나 네이버와 구글 사이에는 중요한 차이점이 있다. 바로 검색하는 정보의 유형이다. 미국에서는 쇼핑 검색은 아마존, 정보 검색은 구글로 하는 사람들이 대부분이다(구글에서도 쇼핑 검색이 가능하고 이

---

* 구글은 일반적인 검색 엔진의 정의에 부합하지만, 네이버는 네이버가 자체적으로 만든 정보가 많고 이 정보를 먼저 보여주기 때문에 검색 엔진보다는 정보 포털에 더 가깝다.

용하는 사람들이 있긴 하다). 즉, 쇼핑 검색 플랫폼과 정보 검색 플랫폼이 구분되어 있다. 반면 한국은 네이버가 정보 검색과 쇼핑 검색에 모두 활용된다. 이 차이가 온라인 쇼핑 분야에서 구글이 아마존을 넘어설 수 없지만, 네이버는 쿠팡을 넘어설 수 있는 잠재력을 보여준다.

소비자의 쇼핑 검색을 점유하는 것은 플랫폼이 시장 지배력을 가지는 데 매우 중요한 요소다. 소비자의 구매 의사결정은 일반적으로 '니즈needs 발생 → 정보 탐색 → 선택 → 구매'의 네 단계를 거친다. 니즈 발생이란 제품이 필요하다고 깨닫는 것을 말한다. 러닝크루로 활동하고 있는 사람을 예로 들어보자. 요즘 달리기에 빠져 있는 이 사람은 자신이 신던 러닝화가 달릴 때 필요한 기능(가벼움이나 충격 흡수 등)을 제대로 제공하지 못하는 것 같다고 느껴 다른 러닝화를 사려고 한다. 이러한 니즈는 이 사람으로 하여금 새로운 제품을 탐색하도록 이끈다. 어떤 러닝화가 좋은지, 가격대는 어느 정도인지 등을 비교 분석한 후 최종적으로 살 하나의 제품을 선택하게 한다. 마음에 드는 제품을 발견하면 어떤 매장에서 어떤 가격에 제품을 살지 결정하고 구매한다.

일반적인 구매 의사결정은 정보를 탐색하는 단계와 구매가 발생하는 단계에 시간적 차이가 발생한다. 오프라인 매장에서 제품을 사는 경우, 정보 탐색을 통해 특정 제품을 구입하기로 결정했더라도 실제 구매를 위해서는 매장에 가야 하므로 정보 탐색 시점과 구매 시점 사이에 상당한 시간 차가 존재할 수밖에 없다. 이때 두 시점 사이의 간극이 클수록 소비자의 행동은 예측하기 어려워진다. 왜 그럴까?

첫째, 구매 가능성의 변화다. 니즈에 대한 생각이 바뀌기도 하고 (예를 들어 지금 신는 러닝화를 조금 더 신자), 정보 탐색 단계에서 고려하지 않았던 새로운 제품을 알게 되어 다시 제품 검색을 시작하기도 한다. 매장을 방문할 시간적 여유가 없어서 구매를 미루는 경우도 있다. 결국 정보 탐색과 구매 사이의 시간적, 물리적 거리가 멀면 멀수록 구매하지 않기로 마음을 바꾸는 소비자가 많이 생길 수 있다. 두 번째로, 소비자 선택의 변화다. 많은 마케팅 활동은 최종 구매 단계 직전에 있는 소비자에게 집중된다. 이들이 관심을 가질 만한 광고를 보여

정보 탐색과 구매 시점 차이

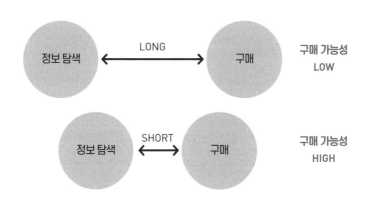

소비자가 제품 정보를 탐색하는 시점과 구매하는 시점이 멀수록 소비자의 구매 가능성은 작아지고, 두 시점이 가까울수록 구매 가능성은 커진다. 플랫폼은 정보 탐색 시점과 구매 시점 사이의 거리가 매우 짧아 소비자가 플랫폼에서 탐색한 제품을 구매할 가능성이 크다.

주고 다양한 혜택을 제공함으로써 최종적으로 자사의 제품을 사거나 자사의 매장에서 제품을 사게 만든다. 다시 말해 정보 탐색과 구매 사이의 거리가 멀수록 마케팅의 영향력이 커져 소비자가 선택을 바꿀 가능성이 커진다.

반대로 정보 탐색 시점과 구매 시점이 가까울수록 소비자가 제품을 살 확률은 높아진다. 정보 검색을 마치는 그 순간에 바로 구매하면 마음이 바뀌거나 다른 업체들의 마케팅 유혹을 받을 가능성이 없기 때문이다. 이것이 많은 플랫폼이 소비자의 쇼핑 검색 행동을 점유하려고 하는 이유다.

구글보다 아마존에 더 가까운 네이버

미국에서는 소비자의 3분의 2가 아마존에서 쇼핑 검색을 한다. 2019년 2월 미국에서 진행한 설문 조사에서 새 제품을 살 때 검색의 시작점이 아마존이라고 응답한 사람의 비율은 무려 69%였다.[9] 설문 조사마다 점유율 수치는 조금씩 차이가 있었지만, 미국 소비자의 절반 이상이 아마존에서 제품 검색을 시작한다는 것은 모든 조사에서 공통으로 나타났다. 아마존에서 제품을 검색하는 사람들은 구매할 제품에 관한 결정이 끝나는 동시에 아마존에서 바로 제품을 살 수 있기 때문에 아마존의 높은 쇼핑 검색 점유율은 온라인 소매 시장에 대한 아마존의 높은 지배력으로 연결된다.

이런 측면에서 아마존과 비슷한 위치에 있는 플랫폼은 네이버다. 많은 소비자가 네이버의 초록색 검색창을 이용해서 쇼핑 검색을 시작한다. 유튜브나 다른 웹사이트를 통해 제품 정보를 얻는 경우에도 최종 구매 전에 가격을 비교하고 구입처를 선택할 때 네이버를 이용하는 사람들이 많다. 게다가 네이버는 네이버페이라는 결제 서비스를 제공하고 있어서 쇼핑의 시작 단계인 검색과 마지막 단계인 결제까지 모두 네이버에서 해결할 수 있게 했다. 네이버 이용자들이 네이버쇼핑에서 검색한 제품을 구매할 가능성이 더 커진 것이다.

네이버는 구글과 유사한 정보 검색 엔진이다. 하지만 구글과 다르게 많은 사람들에게 쇼핑의 시작점으로 이용되며, 간편하고 쉬운 결제 시스템을 제공한다. 이러한 모습은 오히려 아마존과 비슷하다. 네이버는 구글과 아마존이 합쳐진 형태에 가깝다고 할 수 있다. 이 때문에 미국에서 구글과 아마존이 가지고 있는 시장 지배력을 뛰어넘으며 외국에서는 그 사례를 찾아보기 어려운 완전한 독점 플랫폼이 될지도 모른다. 이것이 많은 사람들이 네이버의 성장에 두려움을 느끼는 이유다.

네이버쇼핑의 덫: 가격 비교 서비스

네이버와 구글은 쇼핑 사업을 운영하는 방식에서도 두 가지의 큰 차이가 있다. 하나는 가격 비교 서비스고, 다른 하나는 플랫폼이 직접 운영하는 쇼핑 플랫폼이다.

우선 가격 비교 서비스에 대해 알아보자. 구글쇼핑에서 제품을 검색하면 자체 알고리즘에 따라 제품 검색 결과를 보여준다. 이를 '기본default' 순서 배열이라고 한다. 네이버쇼핑에서도 제품을 검색하면 네이버 자체 알고리즘에 따라 제품 검색 결과를 보여주는데, 네이버는 이것을 '관련성' 기준이라고 부른다. 여기까지는 구글과 네이버가 동일하다. 하지만 그다음부터는 큰 차이가 있다. 구글쇼핑은 개별 판매자를 하나의 검색 결과로 보여주지만, 네이버쇼핑은 동일한 제품을 판매하는 판매자를 하나의 검색 결과로 묶는다. 예를 들어 구글쇼핑에서 나이키 플라이니트 인피니티 런 런닝화를 검색하면, 동일 제품에 대한 수많은 검색 결과가 나오지만, 네이버쇼핑에서는 하나의 검색 결과가 나오고 그 안에 수많은 판매자가 포함되어 나타난다(이런 방식을 카탈로그라고 부른다. 카탈로그에 대해서는 3장 '플랫폼의 비밀'에서 자세히 설명하겠다). 네이버쇼핑은 판매자를 가격 순서(최저 가격 기준)대로 나열하는데, 이것이 네이버쇼핑의 가격 비교 서비스다.

네이버쇼핑의 가격 비교 서비스는 제품을 검색하는 순간부터 소비자들이 한눈에 가장 저렴한 판매자가 누구인지 알 수 있게 해준다. 소비자 입장에서는 제품 검색 후 추가로 가장 저렴한 판매자를 다시 검색할 필요가 없으므로 매우 편리한 서비스다. 만일 네이버쇼핑의 가격 비교 서비스에 포함되는 판매자가 별로 없다면 소비자는 굳이 네이버쇼핑의 가격 비교 서비스를 이용할 필요가 없다. 가령, 동일한 나이키 운동화를 판매하는 업체가 100곳이 있는데, 이들 중

10곳만 네이버쇼핑의 가격 비교 서비스에 나타난다면 소비자들은 가격 비교 결과를 신뢰하지 않을 것이다. 즉, 가격 비교 서비스의 이용률은 검색에 포함된 판매자 수에 비례한다.

실제로 구글은 모든 유통업체나 판매자가 구글에 가격 정보를 제공하는 것이 아니기 때문에 최저 가격 판매자를 찾으려는 소비자라면 구글을 이용할 이유가 없다. 네이버쇼핑은 한국의 거의 모든 유통업체를 가격 비교 서비스에 포함하고 있다. 심지어 네이버와 경쟁 관계인 오픈마켓들과 대형 유통업체들도 네이버쇼핑에 가격을 제공한다. 현재 네이버쇼핑에는 쿠팡, 11번가, G마켓, 옥션 등 다른 플랫폼들뿐 아니라 롯데마트, SSG닷컴, 홈플러스 등 대부분의 대형 유통업체들이 들어와 있다. 유명 브랜드 제조사들도 네이버쇼핑의 가격 비교 서비스에서 볼 수 있는데, 네이버는 '브랜드스토어'를 만들어 유명 제조사의 브랜드들까지 가격 비교 서비스 안으로 끌어들였다. 노스페이스, 삼성전자, LG생활건강 등 이미 200개에 달하는 유명 브랜드가 네이버에서 브랜드스토어를 운영하고 있다(2020년 12월 기준). 이들은 네이버에 자신들만의 스토어를 운영하고 있다고 생각하지만, 사실 네이버쇼핑의 가격 비교 서비스의 완전성을 높여줌으로써 브랜드의 자립 가능성을 스스로 던져버리고 있는 것이다.

플랫폼과 유통업체, 그리고 유명 브랜드 제조사가 네이버쇼핑의 가격 비교 서비스에 들어오는 이유는 네이버쇼핑에서 제품 검색을 하는 소비자들이 많기 때문이다. 이들이 당장의 매출 유혹을 뿌리치고 네이버에 들어가지 않았다면 네이버쇼핑의 가격 비교 서비스

네이버쇼핑의 가격 비교 서비스

네이버쇼핑의 가격 비교 서비스에는 네이버 스마트스토어뿐 아니라 다른 쇼핑 플랫폼들, 기존 유통업체들, 브랜드스토어 등 대부분의 유통업체가 들어와 있다. 이처럼 많은 유통업체와 제조사가 네이버로 들어오면 네이버쇼핑을 이용하는 소비자는 더욱 증가하게 되고, 유통업체들의 자립성은 약화될 수밖에 없다.

는 지금처럼 성장하지 못했을 것이다. 하지만 대부분의 플랫폼과 유통업체들은 스스로 네이버 시스템에 들어가는 선택을 했고, 이는 더욱더 많은 소비자가 네이버쇼핑의 가격 비교 서비스를 이용하게 만들었다. 가격 비교 서비스가 양면 네트워크 효과를 발휘한 것이다. 이제 많은 소비자가 네이버쇼핑의 가격 비교 서비스를 이용하면서 한국의 모든 판매자의 가격 정보를 한눈에 비교할 수 있다고 생각하기 때문에 판매자들 입장에서는 네이버쇼핑의 가격 비교 서비스를 벗어나는 게 전보다 더 어려워졌다.

네이버는 '심판이 선수로 뛰는 격'

네이버와 구글의 쇼핑 사업 운영 방식에서 또 다른 중요한 차이는 네이버는 여러 종류의 쇼핑 플랫폼을 직접 운영한다는 점이다. 가장 큰 플랫폼은 오픈마켓 방식의 스마트스토어다. 다른 오픈마켓에 비해 입점 절차가 간단하고 입점 수수료가 없어서 개인 판매자들에게 가장 인기 있는 오픈마켓 플랫폼으로 인식되고 있다. 하지만 판매자가 스마트스토어에 매장을 연다고 해서 네이버쇼핑에서 바로 검색되는 것은 아니다. 스마트스토어와 네이버쇼핑은 별개의 시스템으로 스마트스토어의 판매자가 네이버쇼핑에 들어가려면 수수료를 내야 한다. 네이버의 스마트스토어는 네이버쇼핑의 가격 비교 서비스에 포함되는 판매자를 많이 늘려주는 동시에 판매자들로부터 수수료 수익까지 가져다주므로 네이버의 쇼핑 사업 모델을 완성해주는 최고의 선택이다. 다만 네이버와 같은 검색 엔진이 자체적으로 오픈마켓을 운영하는 경우, 검색 알고리즘을 자신들의 오픈마켓 판매자에게 유리한 방향으로 조작할 수 있어 공정성에 대한 우려가 제기될 수 있다. 한 언론에서는 네이버쇼핑에 대해 '심판이 선수로 뛰는 격'이라고 표현하기도 했다.

네이버쇼핑이 제공하는 다양한 윈도와 서비스들이다. 너무 많아서 스마트폰 화면에 다 들어가지 않을 정도다.

　　이외에도 '장보기 플랫폼'은 신선 제품 위주의 플랫폼으로 홈플러스, 농협하나로마트, 초록마을 등이 입점해 있고, 오프라인 매장에서 현재 진열된 제품을 판매하는 '윈도 플랫폼'에는 백화점 윈도, 아웃렛 윈도 등이 있다. 뷰티 윈도에서는 전국 곳곳에 있는 수많은 화장품 매장에서 판매하고 있는 제품을 만나볼 수 있다.

　　네이버쇼핑은 수많은 미니 플랫폼을 운영하고 있으며 지속해서 새로운 플랫폼을 만들어내고 있다. 이들은 제품 분야도 형태도 다 다르지만, 네이버가 이들에게 판매의 장을 제공하는 목적은 하나다. 보다 많은 판매자를 네이버쇼핑 안으로 불러들이고, 이를 바탕으로 보다 많은 소비자를 네이버쇼핑에 의존하게 하는 것, 즉, 판매자가 많아지면 소비자는 늘어나게 되고, 소비자가 늘어날수록 판매자가 늘어나는 선순환 구조다. 어쩌면 네이버는 모든 것을 빨아들이는 블랙홀을 꿈꿨을지 모른다. 그리고 네이버는 이미 그 꿈을 어느 정도 이뤄낸 상태다.

배달음식 시장을 지배하는
배달의민족

배달의민족은 음식 배달을 대행해주는 플랫폼이다. 업계에 따르면 한국의 배달음식 시장 규모는 20조 원에 달한다.[10] 특히 코로나19로 배달음식 시장이 급격히 성장하면서 배달의민족, 요기요, 쿠팡이츠, 배달통, 위메프오 등 여러 배달업체가 경쟁하고 있지만 그중 배달의 민족의 위치는 독보적이다. 닐슨코리아클릭에 따르면 월간 실사용자 기준으로 배달의민족의 시장 점유율은 60%로 2위 업체인 요기요의 두 배다(2020년 9월 기준).[11] 안드로이드 OS 사용자를 기준으로 하면 수치는 더욱 높다. 모바일인덱스는 2020년 8월 기준으로 안드로이 드 OS 사용자 중에서 한국의 배달 앱 사용자 수는 월 1,322만 1,544 명이며, 이 중에서 배달의민족 사용자 수는 1,066만 539명이라고 발 표했다. 이는 전체 사용자의 80.63%에 달하는 수치로, 10명 중 8명

이 배달의민족 앱을 사용하는 것이다.[12]

수수료를 없앤 진짜 이유

특이한 점은 배달의민족은 중계 수수료를 받지 않는다는 것이다. 오 픈마켓 방식의 쇼핑 플랫폼은 수수료가 주요 수익 모델일 정도로 수 수료는 플랫폼 사업자에게 중요한 수입원이다. 그런데 배달의민족 은 이런 수수료 수익을 포기했다. 수수료를 받지 않으면 더 많은 외 식업체가 배달의민족으로 들어오게 되고, 그렇게 되면 배달의민족의 시장 지배력은 더 강해지기 때문이다. 외식업체 입장에서는 배달의 민족을 통하지 않으면 매출을 올리기 어렵고, 배달 앱 내에서의 노출 빈도와 순서가 매출로 직결되므로 상호가 많이 노출되기 위해서는 광고비에 큰 비용을 들여야 한다. 그래서 수수료를 받지 않아도 배달 의민족의 수익은 증가하게 된다.

　　한때 논란이 되었던 배달의민족 운영 시스템을 통해 배달의 민족의 수익 구조를 살펴보자. 초기 배달의민족은 거래 금액의 일 정 비율을 수수료로 받는 플랫폼의 일반적인 수익 모델인 정률제 수수료 부과 방식으로 운영되었다. 수수료는 2015년 6월 기준으로 6.47%(3.5%의 외부 결제 수수료와 배달비는 별도 부과)였다. 여기에 상위 노 출을 원하는 사업자에는 광고비(파워콜 3만 원, 울트라콜 5만 원)를 별도 로 부과했다. 그런데 갑자기 2015년 8월 1일 자로 수수료 0%라는 파격적인 정책을 도입한다. 당시 배달의민족은 자영업자들의 어려움을 줄여주기 위해 100억 원에 달하는 수수료 매출을 포기한다고 언론과 광고를 통해 대대적으로 홍보했다.

하지만 이것은 배달의민족의 매출 증가와 시장 확대를 위한 전략적인 결정이었다. 수수료 0% 정책은 배달의민족에 '좋은 기업'이라는 이미지를 만들어냄으로써 이용자를 많이 끌어들였다. 광고비 작동 원리를 제대로 이해하지 못한 자영업자들도 이때 많이 유입되었다. 이 정책이 실시된지 1년 만에 배달의민족의 매출은 67%나 증가했고, 등록업체 수도 38% 증가했다. 2014년에 291억 원이었던 매

배달의민족 매출 추이

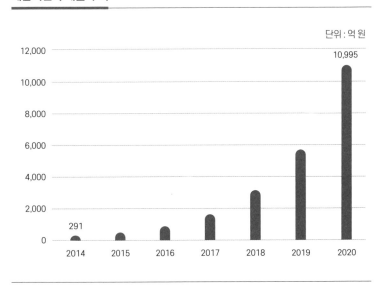

단위 : 억 원

출처: 데이터뉴스

출이 2016년에 849억 원으로 2년 만에 약 200%가량 증가한 것이다. 최근 배달의민족을 운영하는 우아한형제들은 실적 공시를 통해 2020년 매출액이 1조 995억 원이라고 밝혔다.

광고비 지출로 이어지는 경쟁 극대화

당시 배달의민족의 수수료 수익은 90억 원(수수료 0% 정책이 도입되기 전인 2014년 기준) 정도로 알려져 있다. 100억 원에 가까운 수수료 수익이 사라졌는데 매출이 67%나 증가한 것이다. 이는 그만큼 업체들의 광고비 지출이 늘었다는 것을 의미한다. 배달의민족은 어떻게 광고 수익을 이렇게 많이 낼 수 있었을까?

배달의민족은 두 가지 방식으로 광고 서비스를 제공한다. 첫째, 울트라콜이다. 배달의민족에서 치킨이나 피자를 검색할 때 동일한 업체가 여러 번 반복해서 나타나는 것을 볼 수 있다. 울트라콜 광고는 구매에 제한이 없어 구매한 개수만큼 업체가 노출된다. 이를 '깃발 꽂기'라고 한다. 만약 운영하는 업체 주변 지역에 다섯 개의 깃발을 꽂았다면 매달 25만 원(울트라콜 5만 원×5개)의 광고비가 고정적으로 나가게 된다.

2015년 배달의민족은 수수료를 0%로 없애면서 울트라콜 요금은 월 5만 원에서 8만 원으로 인상했다. 당시 많은 외식업체가 광고비를 생각하지 못한 채 수수료가 0%라는 것만 보고 배달의민족에

배달의민족 울트라콜 방식

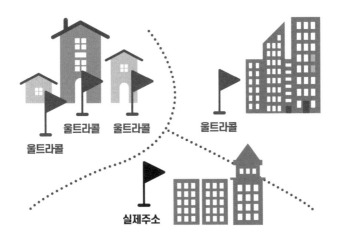

배달의민족 울트라콜은 음식점의 실제 주소와 상관없이 광고를 노출하고 싶은 지역에 광고를 할 수 있다. 일명 깃발을 꽂는 것이다. 음식점이 살 수 있는 깃발 개수는 제한이 없고, 많이 노출하고 싶은 음식점은 그만큼 많은 깃발(광고비)을 사면 된다.

들어왔다. 그런데 배달의민족에 등록한 업체가 많아지면 많아질수록 업체 사이의 경쟁이 심화되어 업체들은 광고비 지출을 늘릴 수밖에 없게 된다. 이런 구조에서 배달의민족이 울트라콜 요금을 올렸기 때문에 매출이 늘어난 것은 당연한 일이다.

　배달의민족이 제공하는 또 하나의 광고 서비스는 슈퍼리스트다. 입찰 방식으로 운영되는 슈퍼리스트는 카테고리별로 세 개의 업체만 노출되기 때문에 최고 입찰가를 제시한 세 업체만 리스트에 올라간다. 그래서 슈퍼리스트를 이용하는 업체는 울트라콜과 별개로 광고비를 더 지불해야 한다. 이런 점에서 배달의민족은 플랫폼이라기보다는 모바일 광고판에 더 가깝다.

다행히 입찰 방식을 통해 사업자들의 광고비를 올렸던 슈퍼리스트는 2019년에 중단되었다. 하지만 배달의민족은 2020년 4월 1일자로 수수료 방식을 부활시켰다. 그들이 책정한 수수료는 매출액의 5.8%였다. 대신 울트라콜 개수를 세 개로 제한했다. 배달의민족은 일부 대형업체의 광고 독식 문제를 없애기 위한 것이라고 설명했지만, 많은 시민단체와 언론은 새로운 시스템이 영세 사업자의 비용을 높이고 배달의민족의 매출만 올려주는 결과를 가져온다는 시뮬레이션 결과를 제시하며 배달의민족의 새로운 가격 시스템에 크게 반발했다.

배달의민족이 제시한 울트라콜 개수 제한은 바람직한 일이다. 광고를 제한하면 일부 대형업체가 많은 광고비를 써서 많은 매출을 올리는 부익부 빈익빈 현상을 막는 데 도움이 되기 때문이다. 그러나 수수료를 올리는 것은 문제가 있다. 많은 외식업체가 수수료가 0%라는 말에 배달의민족 시스템에 들어왔고, 이들로 인해 시장 지배력을 키운 배달의민족이 이제는 거대 플랫폼이 되어 외식업체 입장에서는 나갈 수도 없는 상황이 되어 버렸다. 이런 상황에서 수수료를 올리는 것은 독점 기업의 횡포에 가까운 모습이며, 배달의민족이 지금껏 구축해온 친사회적 이미지와 크게 배치된다. 결국 거센 반발에 부딪혀 배달의민족은 새로운 가격 시스템을 도입한지 10일 만에 철회

했다.

기업의 사업 운영 방식에 큰 저항이 생기는 것은 그만큼 배달의 민족이 시장 지배력이 크다는 것을 보여준다. 정책 변경 하나에 외식 업체 대부분의 매출이 흔들릴 정도로 배달의민족은 시장에서 강한 영향력을 가진 플랫폼이 된 것이다. 현재 배달의민족은 이런 자신들의 영향력을 기반으로 B마트라는 새로운 서비스를 오픈해 소비재 유통 시장에까지 뛰어들었다.

B마트로 골목 상권 정복을 꿈꾸다

배달의민족은 2019년 11월 'B마트'라는 이름의 소비재 유통 서비스를 시작했다. 2020년 10월 기준으로 서울, 경기 지역에만 25개의 물류 창고를 구축했고, 수도권 인근 지역으로 빠르게 확장 중이다. 판매 제품 수도 계속 증가하고 있는데, 2020년 10월 기준으로 6천 개가 넘는다.[13]

B마트는 쿠팡이나 SSG닷컴과 같은 온라인 소매 유통업체지만 기존 업체들과 비교해 차별화 전략을 가지고 있다. 우선 제품의 종류다. 이름에서 짐작할 수 있듯이 B마트는 동네 마트나 편의점에서 소량으로 구입하는 식품이나 생활용품, 문구 등을 주로 취급한다. 쿠팡이나 SSG닷컴과 같은 온라인 플랫폼이 침투하기 어려운 영역을 공략한 것이다. 기존 온라인 플랫폼들의 시장 점유율이 증가한다고 해

도 크게 영향을 받지 않는, 소량으로 즉시 구입을 원하는 소비자를 타기팅했다.

살다 보면 요리를 하다가 깜박한 재료가 있을 수 있고, 화장실 휴지가 떨어진 것을 뒤늦게 알아차리기도 하며, 특정 브랜드의 음료나 아이스크림이 문득 먹고 싶어지기도 한다. 연필이나 노트와 같은 문구가 갑자기 필요한 일도 생긴다. 이럴 때 사람들은 소량의 제품을 즉시 구입하길 원한다. 편의점이 바로 이런 소비자의 니즈를 공략해 성공했다. 지난 10년간 백화점이나 대형마트가 성장 정체기를 겪는 가운데 편의점만 매출이 큰 폭으로 성장했다. 편의점 매출은 2010년 8조 4천억 원에서 2019년 24조 8천억 원으로, 점포 수는 같은 기간 1만 6,937개에서 4만 672개로 크게 증가했다.[14]

온라인 플랫폼은 소량, 즉시 구매가 가능하지 않기 때문에 많은 유통 전문가는 편의점을 온라인 플랫폼에 대항할 수 있는 유일한 오프라인 유통 모델로 생각했다. 그런데 B마트가 이 점을 직접 공략한 것이다. B마트의 최소 주문금액은 5천 원이다. 배달 수수료는 1만 원 미만일 경우 2,500원, 2만 원 미만은 1,500원, 2만 원 이상은 무료다. 모바일 앱을 통해 주문하면 30분에서 1시간 사이에 배달해준다. 1리터 우유 한 통과 식빵 한 봉지만 주문해도 채울 수 있는 금액이다. 주문 금액에 따라 배달 수수료에는 차이가 있지만, 판매하는 제품 자체가 저렴하고, 집 밖으로 나가야 하는 수고를 덜어주므로 편의점과 비교했을 때 충분한 경쟁력을 가지고 있다.

B마트는 편의점에서 구할 수 없는 제품을 살 수 있다는 장점도

있다. 편의점은 매장 크기에 제한이 있어 구비할 수 있는 제품의 종류가 한정적이다. 15평 규모의 편의점의 경우, 대략 2~3천 가지 제품을 구비할 수 있다. 하지만 B마트는 매장을 운영하는 것이 아니기 때문에 편의점보다 훨씬 다양한 제품을 판매할 수 있다. 당근 한 개, 깻잎 30그램, 버섯 10그램 등 편의점에서 잘 팔지 않는 신선 식재료를 소량으로 구매할 수도 있다. 그래서 급하게 식재료나 생필품이 필요하거나 소량으로 구입을 원하는 사람들에게 B마트는 편의점이나 동네 슈퍼마켓보다 더 나은 선택이 될 수 있다.

B마트는 각종 규제에도 벗어나 있다. 일단 매장을 운영하지 않으니 '온라인 무점포 소매'로 분류된다. 이는 기업형 슈퍼마켓에 적용되는 월 2회 휴업, 영업시간 제한 등의 규제를 받지 않는다는 것을 의미한다.[15] 또한 중소기업 적합 업종에 해당하는 제품을 판매하는데에도 아무런 제약이 없다. 대형마트가 문구류를 개별이 아닌 묶음으로만 판매하는 이유는 문구류가 중소기업 적합 업종이기 때문이다. B마트는 골목 상권을 직접 공략하면서도 골목 상권 보호에 적용되는 법의 규제는 받지 않고 있는 것이다.

2019년 11월부터 2020년 8월 동안 매출 증가율 1천%를 달성한 B마트의 하루 주문량은 5만 건에 달한다(2021년 초 기준).[16] B마트가 서비스를 시작한지 얼마 되지 않아 B마트에 대해 모르는 소비자가 아직 많다는 점을 고려하면, 하루 5만 건의 주문량은 놀라운 결과다. 현재 B마트는 PB 제품이나 B마트 전용 제품 등 다양한 제품을 개발하고 있다. 앞으로 B마트에서 판매하는 제품이 더 다양해지면

B마트는 과일, 신선식품, 밀키트, 생활용품 등 다양한 제품을 빠른 시간 안에 배송해준다. 일정 금액만 넘으면 단품 배달 서비스도 받을 수 있다.

이용자는 더 증가할 것으로 예상된다. 아직 B마트의 시장 지배력은 경계할 정도는 아니지만, 이용자가 증가하면 제품의 판매 가격과 배송비가 낮아질 것이므로 오프라인 소매업체들은 B마트의 성장과 행보를 유심히 지켜볼 필요가 있다.

온라인 생태계를 점령한
카카오

카카오는 한국에서 가장 많은 사람들이 사용하는 메신저인 카카오톡을 제공하는 사업자다. 카카오톡은 한게임을 창업했던 김범수 대표가 2010년에 선보인 모바일 메신저로 2020년 기준 월간 사용자 수가 4,500만 명을 넘는다.[17] 매출은 2020년 기준으로 네이버의 78%, 영업 이익은 37.5%에 불과하지만, 시가 총액은 오히려 네이버보다 앞서며 한국에서 3위를 차지하고 있다(2021년 7월 기준). 그만큼 많은 투자자가 카카오의 미래 성장 가능성을 크게 보고 있는 것이다.

메신저 서비스 시장에서 카카오톡의 시장 점유율은 95% 이상으로 추정된다. 사실상 독점적 서비스라고 할 수 있다. 하지만 메신저 서비스의 시장 점유율은 큰 문제가 되지 않는다. 메신저는 플랫폼이기보다는 커뮤니케이션 도구이기 때문에 독점적 위치에 있어도 사업자와 소비자에게 미치는 영향이 크지 않다. 실제로 유럽과 미국의 정부 기관들도 반독점법 관련 조사를 할 때 메신저 서비스에 대해서는 별다른 문제를 제기하지 않는다.

카카오는 쇼핑 분야에도 진출해 있지만(카카오커머스), 네이버쇼핑과 쿠팡에 비하면 시장 점유율은 미미한 편이다. 현재 카카오커머스는 '모바일 선물하기'에 초점을 맞추고 있다. 국내 모바일 선물 시장 규모가 2020년 거래액 기준으로 3조 5천억 원이고, 이 중 카카오가 3조 원을 차지한다.[18] 그런데도 국내 전체 전자상거래 규모에서 카카오가 차지하는 비중은 2%에 불과하다. 그 대신 카카오는 다양한 사업 영역에 공격적으로 진출함으로써 그룹 차원의 매출을 끌어올리고 있다. 쇼핑 분야에서는 라이브 커머스나 구독 방식 서비스 등 다양한 신규 서비스를 선보이고 있고, 금융 분야에서는 카카오뱅크, 카카오페이, 카카오페이증권, 카카오인베스트먼트, 카카오벤처스 등 이미 많은 사업을 진행하고 있으며, 카카오손해보험도 곧 출시할 예정이다.

카카오는 한국의 플랫폼 가운데 엔터테인먼트 분야 진출에도 가장 적극적이다. 웹툰과 웹소설 플랫폼을 운영하고 있으며, 음원 플랫폼인 멜론에서 음반과 음원을 유통하고, 연예인 매니지먼트 사업도 한다. 최근 MZ세대들에게 큰 인기를 얻고 있는 모바일 방송국 카카오TV도 운영하고 있다. 카카오가 진행 중인 사업들은 아직 시장에서 큰 파괴력을 가지고 있지는 않지만, 진출한 모든 사업 분야가

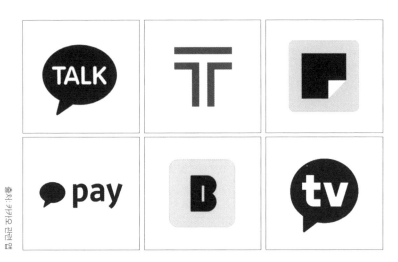

카카오는 카카오톡(메신저)을 시작으로 카카오T(택시), 카카오페이지(웹툰, 웹소설), 카카오페이(결제), 카카오뱅크(은행), 카카오TV(모바일 방송국) 등 온라인의 모든 영역에 진출해 있다.

성장 가능성이 커서 많은 투자자가 카카오의 미래를 밝게 전망하고 있다.

모빌리티 시장의 새로운 바람, 카카오T

쇼핑 플랫폼 영역에서 카카오의 영향력이 아직 작은 것은 사실이다. 그래서 이 책에서 말하고 있는 '소비재 시장에서 강한 지배력을 가진 플랫폼의 위험성'과는 거리가 먼 부분이 많다. 그럼에도 카카오는 한 분야에서만큼은 거대 플랫폼의 무서움을 여실히 보여주고 있다. 바로 '카카오T'다.

카카오의 자회사인 카카오모빌리티는 '카카오T'라는 이름으로 택시 호출, 대리 기사 연결, 자전거 대여, 주차장 검색, 시외버스와 기차 예약 등 다양한 서비스를 제공하고 있다. 모빌리티와 관련한 종합 플랫폼을 구축한 것이다. 이 중에서 가장 큰 성공을 거둔 것은 택시 호출 서비스다.

카카오택시는 카카오모빌리티가 2015년 출시한 택시 플랫폼이다. 당시 사람들은 도로에 지나다니는 택시를 직접 잡거나 콜비를 내고 콜택시를 이용해야 해서 택시를 타는 일은 꽤 번거로운 일이었다. 카카오는 이러한 불편을 해소하기 위해 택시 기사와 승객을 연결해 주는 카카오택시 서비스를 무료로 출시했다. 이 서비스는 기사와 승객 모두에게 큰 호응을 얻어냈고, 카카오택시의 시장 점유율은 빠르게 성장했다. 2021년 1분기 기준으로 카카오택시의 이용 승객 수는 2,800만 명, 시장 점유율은 80%가 넘었다.[19]

카카오택시 덕분에 사람들은 자신이 원하는 시간과 장소에서 택시를 타는 일이 쉬워졌고, 승차 거부를 당하는 일도 줄어들었다. 택시 기사들도 콜택시업체에 내야 하는 수수료 부담 없이 승객들을 빠르게 찾을 수 있었다. 이런 이유로 출시 초기에는 카카오택시를 카카오의 CSR 사업(기업이 사회적 책임을 위해 행하는 사업)으로 소개하는 기사가 나오기도 했다.[20]

제2의 배달의민족 탄생?!

하지만 카카오택시의 무료 서비스는 그리 오래가지 않았다. 대부분의 플랫폼이 초기 무료화로 많은 사업자와 사용자를 끌어모은 후, 별다른 대안이 없어진 이용자들을 상대로 최대의 이익을 얻어내려는 모습을 보이는 것처럼 카카오택시도 유료화의 길을 가게 된다. 카카오는 2021년 3월 카카오모빌리티에 가맹되어 있지 않은 택시 기사●들을 상대로 월 9만 9천 원의 프리미엄 멤버십을 선보였다. 승객이 택시를 호출하면 이 멤버십에 가입한 택시를 먼저 배정하기 때문에 택시 기사 입장에서는 승객을 찾기 위해서 어쩔 수 없이 프리미엄 멤버십에 가입할 수밖에 없다. 광고를 하지 않으면 사람들에게 노출조차 되기 어려운 배달의민족의 시스템과 동일한 시스템인 것이다.

카카오모빌리티는 승객과 더 가까운 거리에 있는 일반 택시보다 자신들에게 가맹되어 있는 '카카오 블루'를 우선 배차한다는 의혹도 받고 있다. 카카오모빌리티의 말에 따르면 일반 호출의 경우 일정 반경 안에 있는 가맹·비가맹 택시 모두에 콜이 가는데, 가맹 택시는 5초 이내에 거절하지 않으면 자동 배차가 되는 구조라고 한다.[21] 일

● 카카오택시는 현재 카카오와 직접 계약을 맺고 택시 외부에 카카오 블루 브랜드 로고를 달고 운행하는 가맹 사업(카카오 블루)과 택시 기사들에게 카카오 호출 서비스만 제공하는 비가맹 사업 두 가지 형태로 운영되고 있다.

반 택시를 운행하는 기사로서는 5초 안에 응답하지 않으면 승객을 잡을 수 없는 규칙을 만들어서 가맹 택시인 카카오 블루를 우대해준 것이다. 그리고 카카오모빌리티는 카카오 블루 택시 기사에게 요금의 20%를 수수료로 받는다.[22]

승객들이 내는 금액도 올랐다. 이전에는 승객이 부담해야 하는 수수료가 없었지만, 지금은 배차 성공률을 높이는 '스마트호출'에 1천 원, 블루 택시 호출에 3천 원을 받는다. 카카오모빌리티는 카카오 T 앱에서 이러한 유료 서비스를 무료 서비스보다 더 잘 보이게 배치해 사람들의 이용을 유도하고 있다. 카카오택시는 승객과 기사 모두에게 무료로 서비스를 제공해서 독점적 지위의 시장 지배력을 확보한 뒤, 이를 기반으로 양쪽 모두에게서 수익을 내고 있다. 이러한 유료화 체계 덕분에 카카오 블루를 운영하는 카카오의 자회사인 케이엠KM 솔루션의 매출은 전년 대비 38배나 증가했다. 코로나19로 택시 가사들의 수입이 크게 줄어든 와중에 카카오택시의 수입만 크게 증가한 것이다.

카카오모빌리티는 최근 사업 영역을 퀵 서비스로 넓혔다. 퀵 서비스는 IT 기술이 아직 침투하지 않은 영역으로 카카오와 같은 빅테크 기업이 들어갔을 때 빠르게 시장 점유율을 높일 수 있는 분야다. 이 서비스는 카카오모빌리티가 퀵 서비스 사업을 발표하고, 기사 사전 모집을 낸 지 10일 만에 지원자가 1만 명이 넘을 정도로 큰 반응을 얻고 있다.[23] 기존 퀵 서비스와 다르게 도보, 자전거, 자가용 등 다양한 운송 수단으로 이용이 가능하고, 같은 동선상에 있는 복수의 요칭을 처리하는 깃도 허용한다. 게다가 기존 퀵 서비스 입체보다 기사들에게 높은 수수료를 지급하면서 기존 퀵 서비스 기사뿐만 아니라 일반인들까지 퀵 서비스 영역으로 끌어들이고 있다.

카카오모빌리티가 선보인 퀵 서비스는 초기에는 퀵 서비스 기사와 사용자 모두에게 많은 혜택을 줄 것이다. 문제는 카카오모빌리티가 퀵 서비스 시장에서 지배적인 사업자가 된 후부터 시작된다. 서비스 수요보다 기사 공급이 늘어날 것이고, 다른 대안이 없는 기사들은 서로 경쟁하면서 서비스 단가를 낮추게 될 것이다. 기사들에게 제공하는 다양한 혜택도 카카오모빌리티가 지배력을 갖춘 순간부터 사라지고, 되레 여러 수수료가 생겨날 것이다. 사업 초기에 많은 사용자를 확보하기 위해 제공한 할인 혜택이 사라지면 사용자들의 이용 요금도 상승하게 될 것이다. 결국 또 하나의 배달의민족이 탄생하는 것이다.

카카오 창업자인 김범수 카카오 이사회 의장은 2021년 초 자신의 전 재산의 절반에 해당하는 5조 원을 사회에 기부하겠다고 선언했다. 이는 높게 평가받을 일이다. 아무리 재산이 많아도 이런 일은 하기는 어렵다. 돈은 많으면 많을수록 지키고 싶어지는 법이기 때문이다. 김범수 의장이 약속한 기부금 5조 원은 한국 사회가 더 나은 사회가 되는 데 큰 기여를 할 것이다. 다만 최근 카카오모빌리티가 다른 독점 플랫폼들과 별반 다르지 않은 모습을 보이는 점은 우려스럽다. 카카오는 한국을 대표하는 유니콘 기업으로 기존 시스템을 파괴하고 새로운 혁신을 만들어냈듯 택시 서비스 산업에서도 기사와 승객 모두가 만족할 수 있는 최선의 해결책을 찾아낼 수 있기를 바란다.

CHAPTER 3

·

플랫폼의
비밀

플랫폼이 만든 최고의 발명품, 카탈로그

플랫폼은 많은 소비자와 판매자를 자신의 플랫폼으로 끌어들이고 이들을 연결해줌으로써 이익을 낸다. 소비자의 니즈와 선호를 파악해서 소비자가 원할 만한 제품을 판매하는 판매자에게 소비자를 연결해주는 것이다. 플랫폼의 이런 기능을 매칭matching이라고 한다. 아마존이 고객의 검색 및 구매 행동을 분석해 고객이 좋아할 만한 제품을 추천해주고, 넷플릭스가 시청자의 선호를 파악해서 다음에 시청할 작품을 추천해주거나, 우버가 사용자에게 가장 빨리 도착할 수 있는 운전자를 찾아주는 것 등이 매칭의 예다. 쉽게 말해 결혼 시장에서 신랑과 신부를 연결해주는 중매쟁이와 비슷하다. 그래서 플랫폼을 매치메이커match-maker라고 부르기도 한다.

이론적으로 플랫폼의 매칭은 소비자와 판매자 모두에게 큰 혜택을 가져다준다. 소비자는 자신이 원하는 제품과 서비스를 빨리 찾을 수 있고, 판매자는 자신의 고객이 될 수 있는 소비자를 빨리 알 수 있기 때문이다. 또한 중간 거래자 없이 소비자와 판매자가 직접 연결되니 둘 다 경제적 이익이 발생한다. 플랫폼도 매칭 수수료를 통해 재고 없이 이익을 낼 수 있다. 이렇게 보면 플랫폼의 매칭은 플랫폼, 소비자, 판매자 모두에게 좋은 것처럼 느껴진다. 그런데 문제는 현실 세계에서는 매칭이 완벽하게 작동하지 않는다는 것이다. 현실에서는 동일하거나 비슷한 제품을 판매하는 판매자가 복수로 존재해 소비자의 선택을 받기 위해서는 판매자들끼리 경쟁할 수밖에 없다. 플랫폼은 바로 이 점을 이용한다.

모든 플랫폼은 이익 극대화를 목적으로 한다. 특히 많은 투자금을 받은 플랫폼일수록 더 빨리 투자금을 회수하기 위해 노력한다. 이런 이유로 플랫폼은 단순 매치메이커 역할에 머물지 않는다. 낮은 수수료나 다양한 혜택을 제공해서 많은 판매자를 플랫폼으로 끌어들인 후, 이들이 그 안에서 서로 경쟁하게 한다. 즉, 판매자들이 경쟁적으로 가격을 낮추고 광고비로 많은 지출을 하게 만드는 것이다. 그리고 궁극적으로는 플랫폼에서 판매자들이 영원히 벗어나지 못하게 만든다. 이것이 플랫폼이 수익을 내는 방법이다. 플랫폼의 본질을 매칭이라고 보는 것은 책에서나 나오는 순진한 생각이다. 플랫폼은 매치메이커가 아니라 한 번 들어가면 빠져나올 수 없는 개미지옥에 가깝다. 많은 사람들이 성공을 꿈꾸며 플랫폼에 들어가지만 결국 서로를 파괴하며 치열한 경쟁을 하게 되고, 플랫폼은 이들의 경쟁을 통해 돈을 번다.

그렇다면 플랫폼에 있는 판매자가 다른 판매자와의 경쟁에서 이길 수 있는 방법은 무엇일까? 가장 간단한 방법은 제품의 판매 가격을 낮추는 것이다. 하지만 이는 대부분의 판매자가 원하지 않는 방법이다. 판매자들은 출혈 경쟁을 하기보다는 좋은 제품을 판매하고 고객 응대를 잘해서 신뢰도를 높이고 단골손님을 만들고 싶어 한다. 그런데 플랫폼은 판매자들이 신뢰도를 높이고 단골손님을 만드는 것을 원하지 않는다. 이런 판매자는 플랫폼 안에서 진입 장벽으로 작용해 신규 판매자의 진입을 방해하고, 검색 순위에 상관없이 고객들의 구매가 이어져 판매자가 광고비를 지출할 필요가 없기 때문이다. 플랫폼이 가장 원하는 것은 플랫폼 안에 있는 모든 판매자의 손발을 묶어두고 그 어떤 판매자도 힘을 가지지 못한 채 오로지 가격으로만 경쟁하도록 만드는 것이다. 그렇게 해야 플랫폼에서 판매하는 제품의 가격이 하락하고, 동시에 끊임없이 새로운 판매자가 플랫폼으로 유입되면서 판매자의 경쟁이 더욱 심화하는 구조가 된다.

이 글을 읽으면서 '아무리 플랫폼이 이익 극대화를 목적으로 한다고 해도 설마 이렇게까지 할까?'라는 생각이 들 것이다. 설령 이런 일을 하더라도 사회적 반발로 인해 유지하기 어렵다고 생각할 수도 있다. 그러나 아마존은 그 어떤 사회적 비판도 받지 않으면서 판매자들이 오직 가격으로만 경쟁하는 획기적인 시스템을 만들어냈다. 바로 카탈로그다. 아마존의 카탈로그 시스템 안에서 판매자들은 고객 신뢰를 쌓기 어려울 뿐 아니라 단골손님을 만들기도 어렵다. 오직 가격으로만 경쟁해야 하고, 지속적으로 유입되는 새로운 판매자와 끊임없이 경쟁해야 한다. 대체 이 카탈로그 시스템은 어떻게 작동하는 걸까?

카탈로그 속에 감춰져 버린 판매자

누군가 플랫폼 시대의 최고의 발명품을 꼽으라고 한다면 '카탈로그'라고 대답할 것이다. 플랫폼의 카탈로그란 동일 제품을 판매하는 복수의 판매자를 하나의 제품 페이지에 묶는 것을 말한다. 아마존이 처음 도입했고, 쿠팡과 네이버가 이를 모방해 사용하고 있다. 플랫폼의 카탈로그는 판매자 간의 경쟁을 유도하고 판매자를 플랫폼에 종속시키는 최고의 비즈니스 장치다. 동시에 판매자 스스로 자신을 개미지옥에 빠뜨리는 덫이기도 하다.

처음 카탈로그 시스템을 도입한 아마존도 초기에는 다른 플랫폼들과 마찬가지로 판매자별로 별도의 제품 페이지를 제공했다. 하지만 어느 순간부터 동일한 제품을 판매하는 여러 판매자를 하나의 페이지로 묶기 시작했다. 지금은 자동화된 시스템을 통해 같은 제품의 페이지를 하나로 통합하지만, 당시에는 아마존 직원들이 일일이 수작업으로 페이지를 통합했다. 카탈로그 시스템의 장점은 고객들이 원하는 제품을 쉽게 찾을 수 있게 해줘서 고객에게 우수한 검색 경험을 제공한다는 점이다. 그래서 카탈로그 방식에 익숙한 소비자가 카탈로그를 사용하지 않는 오픈마켓에 방문하면 제품을 검색하는 데 어려움과 불편함을 느끼게 된다. 이런 측면에서 카탈로그는 아마존의 고객 중심성 전략에 부합하는 대표적인 고객지향적 서비스다. 그러나 소비자의 편의성은 카탈로그의 아주 작은 부분일 뿐, 본질은 다른 곳에 있다.

아마존의 제품 페이지는 최저 가격으로 제품을 판매하는 단 한 명의 판매자만 표시한다. 이때 표시하는 단 한 명의 판매자를 결정하는 기준은 배송 기간이나 판매자에 대한 아마존의 평가 등 다양한 기준을 반영한다고 하지만 가격에 주어지는 가중치가 가장 높아 대부분의 경우 최저 가격에 제품을 판매하는 판매자가 올라온다. 여기에 아마존이 운영하는 풀필먼트 바이 아마존fulfillment by Amazon 서비스를 이용하면 추가적인 가산점이 주어진다.● 선택된 단 한 명의 판매자를 제외한 동일한 제품을 판매하는 다른 판매자들은 제품 설명 아래에 표시된 'New & Used'를 클릭해야 볼 수 있다. 그런데 이 버튼은 너무 작게 표시되어 있어서 소비자가 링크의 존재 자체를 인식하지 못하는 경우가 많다. 최저 가격을 제시한 단 한 명의 판매자를 제외한 다른 모든 판매자는 사실상 아마존에서 사라진 것이나 마찬가지다. 판매자가 아무리 판매량이 많아도, 단골이 많거나 제품 리뷰를

●   판매자가 아마존의 카탈로그를 차지하기 위해서는 최저 가격을 제시하는 동시에 아마존의 배송 대행 서비스인 풀필먼트 서비스 비용도 지불해야 한다. 이는 아마존이 판매자에게 부가 서비스까지 이용하도록 강제하는 것이다.

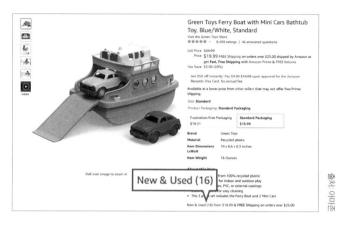

아마존에서 그린토이즈를 검색하면 여러 제품이 나오는데, 그중 한 제품을 클릭해 들어가면 최저 가격을 제시한 단 한 명의 판매자의 제품 페이지가 뜬다. 동일한 제품을 판매하는 다른 판매자들은 제품 설명 아래 아주 작게 표시된 'New & Used'를 클릭해야만 볼 수 있다.

많이 얻어내도 아무런 소용이 없다. 카탈로그는 오로지 가격이다. 최저 가격에 제품을 판매하는 판매자가 제품 페이지 전체를 차지하는 승자 독식 구조다. 이런 구조는 최저 가격이 아니면 제품 페이지에 아예 노출조차 되지 않기 때문에 판매자들은 경쟁적으로 가격을 낮출 수밖에 없다.

　카탈로그를 통해 제품 판매 가격이 낮아지면 더 많은 소비자를 플랫폼으로 유입시키는 효과가 있다. 또한 카탈로그의 가격 줄 세우기는 신규 판매자들이 플랫폼으로 끊임없이 유입하게 한다. 만약 줄 세우기를 누적 판매량이나 판매자에 대한 평가 등을 기준으로 삼았다면 신규 판매자들은 경쟁에서 쉽게 밀려나기 때문에 플랫폼에 들어오려고 하지 않는다. 오직 가격으로만 경쟁해야 신규 판매자도 최저 가격을 제시하면 제품 페이지 전체를 차지하거나(아마존이나 쿠팡) 가격 비교에서 상위에 위치(네이버)할 수 있어 지속해서 새로운 판매자들이 유입하게 된다. 아마존은 카탈로그 하나로 고객 경험을 높이고, 고객 유입을 증진하면서 제품의 판매 가격까지 낮춘 것이다.

카탈로그는 플랫폼에 불만을 제기하는 판매자에게 페널티를 부과해 카탈로그에서 보이지 않게 할 수도 있다. 플랫폼 규정이 불공정하거나 갑자기 수수료를 올리는 등 부당한 경우에도 판매자들은 패널티를 받을까봐 플랫폼에 불만을 제기할 수 없다. 카탈로그는 판매자들을 플랫폼에 굴복하도록 만드는 하나의 장치이기도 한 것이다.

아마존의 경쟁자인 구글은 카탈로그 시스템을 사용하지 않는다. 구글도 검색 시장의 독점적 사업자로서 여러 문제점이 있지만, 카탈로그 시스템을 사용하지 않는다는 건 긍정적으로 평가되는 부분이다. 그런데 한국의 거대 플랫폼인 쿠팡과 네이버는 아마존의 카탈로그 시스템을 그대로 도입해서 사용하고 있다. 쿠팡은 아마존과 동일한 승자 독식 방식의 카탈로그를 운영하는데, 쿠팡에서 제품을 검색하면 동일 제품에 대해 하나의 제품 페이지만 보여준다(제품의 용량이나 구성이 다른 경우에만 별도의 페이지가 존재한다). 아마존의 'New & Used'와 같이 제품 페이지 중간에 위치한 '다른 판매자 보기'가 동일 제품을 판매하는 다른 판매자들이 숨겨져 있는 곳이다. 예를 들어 쿠팡에서 이니스프리의 그린티 씨드 세럼을 검색하면 제품 페이지를 차지한 판매자는 최저 가격을 제시한 쿠팡이고, 다른 오픈마켓 판매자들은 '다른 판매자 보기'를 클릭해야만 볼 수 있다. 이 가운데 쿠팡보다 낮은 가격(제품 가격과 배송비를 합산한 가격)을 제시한 판매자는 없다. 오픈마켓 판매자가 제품 카탈로그를 차지하려면 무조건 쿠팡보다 낮은 가격을 제시해야 한다.

네이버는 아마존이나 쿠팡과는 차이가 있다. 최저 가격 판매자 단 한 명만을 노출시키지 않고 여러 명의 판매자를 노출시키는 가격 비교 방식을 사용한다. 하지만 판매자 사이의 가격 경쟁을 유도한다는 점은 동일하다. 제품의 판매 가격을 낮추는 측면에서는 오히려 네이버쇼핑의 카탈로그가 아마존이나 쿠팡의 카탈로그보다 진일보한 방식이라고 볼 수 있다. 아마존과 쿠팡의 소비자는 하나의 제품에 하나의 가격만 볼 수 있지만, 네이버쇼핑에서는 소비자가 제품을 검색할 때부터 여러 업체의 가격을 한눈에 직접 비교할 수 있다. 제품을 검색하는 순간부터 소비자가 가격 비교를 할 수 있도록 한 것이다. 이런 방식은 소비자의 가격 민감도를 높이는 결과를 가져온다.

좀 더 자세히 설명하면, 앞서 언급했듯이 소비자의 의사결정은 '니즈 발생 → 정보 검색 → 선택 → 구매'라는 네 단계를 거친다. 소비자가 제품을 선택할 때 영향을 미치는 요인들은 브랜드, 제품의 특징, 품질, 디자인, 가격 등 다양하다. 이 요인들이 의사결정에 미치는 영향(가중치)은 소비자마다 다르다. 어떤 소비자는 가격보다 디자인을 중요하게 생각하고, 어떤 소비자는 디자인이나 품질보다 가격을 중요하게 여긴다. 소비자가 각 요인에 대해 주는 가중치를 이해하면 그 소비자가 무엇을 선택할지 예측할 수 있다. 그런데 소비자들이 제품을 검색하는 시점부터 가격을 비교하도록 만들면 제품을 선택할

쿠팡도 아마존과 동일한 방식으로 제품 페이지를 표시한다. 최저 가격을 제시한 판매자 외에 다른 판매자들은 제품 페이지 아래쪽에 위치한 '다른 판매자 보기(56)'를 클릭해야만 볼 수 있다. 여기서 56은 판매자 수를 나타낸다.

네이버쇼핑의 카탈로그는 동일 제품을 판매하는 판매자를 하나의 카탈로그로 묶고(왼쪽) 그 가운데 최저 가격을 제시한 일부(이 예시의 경우 다섯 명) 판매자(오른쪽)들을 보여준다.

때 가격이라는 요인에 부과되는 가중치가 크게 상승한다. 네이버쇼핑의 가격 비교 방식이 소비자가 제품을 선택하는 중요한 기준을 가격이 되도록 만드는 것이다.

러닝화를 새로 사려고 하는 소비자가 있다고 생각해보자. A판매자는 5만 5천 원에 러닝화를 판매하고, B판매자는 같은 제품을 55,100원에 판매한다. 일반적인 의사결정 과정이라면 대부분의 소비자는 제품을 구매할 때 100원 차이를 크게 중요하게 여기지 않을 것이다. 그보다는 판매자의 신뢰도나 판매량, 판매자에 대한 고객 리뷰 등을 더 중요하게 고려한다. 하지만 제품 검색과 동시에 가격을 비교할 수 있으면, 100원 차이가 크게 인식된다. 그렇게 되면 소비자는 구매 경험에 영향을 미칠 수 있는 다른 요소들은 제대로 고려하지 않은 채 오직 가격만 보고 의사결정을 내리게 될 가능성이 크다.

이것이 네이버쇼핑의 가격 비교 서비스에 대해 가장 우려되는 부분이다. 네이버쇼핑의 가격 비교 서비스는 네이버를 통해 제품을 검색하는 모든 소비자의 가격 민감도를 높인다. 소비자의 가격 민감도가 높아지면 브랜드나 판매자들은 제품의 품질이나 고객 서비스보다 가격으로만 경쟁하게 되고, 결국 시장에 공급되는 제품의 가격은 전반적으로 낮아지는 결과를 가져온다. 이렇게 낮아진 가격은 더 많은 소비자를 네이버쇼핑으로 모이게 한다. 네이버쇼핑은 판매자 간의 가격 경쟁을 유도하는 동시에 소비자의 가격 민감도를 높임으로써 자신들의 시장 지배력을 교묘하게 확대해나가고 있는 것이다.

당신이 올린 리뷰는 당신 것이 아닙니다

카탈로그의 힘을 이해하기 위해서는 가격 줄 세우기 말고도 리뷰 시스템의 특성을 알아야 한다. 제품에 대한 사용자 리뷰는 소비자를 플랫폼에 유입시키는 중요한 요소다. 많은 소비자는 제품을 사기 전에 제품 정보를 찾는데, 이때 자신과 같은 소비자가 실제로 제품을 사용한 후 작성한 리뷰를 중요하게 생각한다. 그래서 사용자 리뷰가 많은 플랫폼일수록 소비자들에게 쇼핑 검색의 시작점이 될 가능성이 크다. 아마존이 미국 소비자의 쇼핑 검색 시작점이 된 이유도 그 어떤 플랫폼보다 많은 사용자 리뷰를 제공하기 때문이다.

아마존은 사용자 리뷰를 모으는 데에 카탈로그 시스템을 교묘하게 이용한다. 아마존에서 고객이 특정 제품에 대한 리뷰를 적으면 그 리뷰는 판매자 것이 아니라 해당 제품에 귀속된다. 쉽게 말해 판매자가 누구인지, 어느 판매자에게 구매했든지 상관없이 동일 제품에 대한 모든 리뷰는 해당 제품의 리뷰로 통합되는 것이다. 그래서 아마존의 카탈로그에서는 판매자가 바뀌어도 제품 리뷰는 그대로 유지되고 계속해서 리뷰가 쌓이게 된다. 심지어 특정 판매자를 언급하는 등 판매자에 대한 내용이 포함된 리뷰는 아예 게재하지도 않아 소비자 입장에서는 모든 리뷰가 현재 제품 페이지에 나와 있는 판매자에 대한 것이라고 착각하게 된다. 만약 어떤 판매자가 오랜 시간 공들여서 많은 제품 리뷰를 쌓았어도 자신보다 낮은, 최저 가격을 제시하는 새로운 판매자가 나타나면 자신에게 쌓인 모든 리뷰를 새로운 판매자에게 뺏기게 된다. 쿠팡은 아마존의 이런 리뷰 시스템까지 똑같이 사용하고 있다.

카탈로그의 리뷰 시스템은 동일 제품에 대한 모든 리뷰를 한 곳에 모아놓기 때문에 소비자에게는 많은 사용자 리뷰를 한 번에 쉽게 읽어볼 수 있다는 장점이 있다. 플랫폼 입장에서도 동일 제품에 대해 많은 리뷰를 쌓을 수 있어 이 시스템이 정보 검색 단계에 있는 소비자들을 플랫폼으로 유입하는 중요한 역할을 한다. 그런데 플랫폼이 이 리뷰 시스템을 사용하는 이유는 이것이 다가 아니다. 만약 판매자가 자신에게 작성된 리뷰를 보유할 수 있게 되면, 판매자는 리뷰 관리를 잘해서 명성을 쌓고 충성 고객을 만들게 된다. 그러면 검색 순위가 낮아져도 매출의 영향을 덜 받아 카탈로그에서 나갈 수도 있고, 소비자에게 노출되기 위해 플랫폼에 광고비를 낼 필요성도 낮아진다. 큰 규모의 충성 고객을 가진 판매자는 자체 채널을 만들어서 플랫폼을 이탈할 가능성도 있다. 하지만 플랫폼은 그 어떤 판매자도 독립적인 힘을 가지기를 원하지 않는다. 그래서 판매자가 얻은 제품 리뷰의 소유권을 빼앗아 판매자의 자립성을 약화시킨 것이다. 카탈로그의 리뷰 시스템은 판매자 입장에서는 부당한 일이지만 플랫폼에는 소비자의 유입을 늘리는 동시에 개별 판매자의 힘을 약화시키는 숨은 효과까지 가져다주는 놀라운 장치다.

플랫폼을 이기려면 카탈로그부터 이해하라

쇼핑 플랫폼은 소비자와 판매자를 연결해준다. 소비자는 플랫폼에서 필요한 제품을 쉽게 찾을 수 있고, 판매자는 매장을 운영하지 않고도 소비자를 만날 수 있다. 시간적, 공간적 제약을 넘어 소비자와 판매자가 연결되는 곳이 플랫폼이다. 이런 측면에서 보면 플랫폼은 모든 사람에게 큰 혜택을 주는 고마운 존재처럼 느껴진다. 하지만 현실은 그렇게 아름답지 않다는 것을 앞선 설명을 통해 알 수 있을 것이다. 플랫폼은 최대한 많은 판매자와 소비자를 플랫폼으로 끌어들여서 몸집을 키운다. 이렇게 몸집을 키워 거대화된 플랫폼은 오로지 가격을 통해 판매자들이 서로 경쟁하도록 만든다.

플랫폼 안에서 판매자들 간의 경쟁을 극대화하는 역할을 하는 것은 카탈로그다. 카탈로그는 판매자들의 가격 경쟁을 유도해서 제품의 판매 가격을 지속적으로 낮추고, 제품 리뷰를 카탈로그 안에 하나로 통합해서 플랫폼 자체에 많은 리뷰가 쌓이는 방식으로 개별 판매자의 힘을 약화시킨다. 카탈로그 시스템을 고안해내지 못했다면 아마존은 지금과 같은 엄청난 시장 지배력을 가지지 못했을 것이다. 거대 플랫폼의 탄생은 카탈로그에서 시작되었다고 해도 과언이 아니다.

그러므로 플랫폼의 작동 원리를 제대로 이해하려면 플랫폼의 카탈로그 시스템을 먼저 파악해야 한다. 카탈로그는 소비자에게는 편리한 인터페이스 정도로 인식되지만, 판매자 입장에서는 판매자들의 경쟁을 유도해서 제품의 판매 가격을 낮추고 플랫폼에 종속시키는 족쇄와도 같다. 하지만 안타깝게도 많은 사업자가 카탈로그의 힘을 제대로 가늠하지 못하고 있다. 대형 유통업체들은 트래픽을 늘리기 위해 네이버쇼핑의 가격 비교 서비스에 자진해서 들어가고, 개인 판매자들은 플랫폼의 검색 순위에서 한 계단이라도 더 오르기 위해 열심히 고객 리뷰를 모은다. 하지만 이런 노력은 플랫폼의 힘만 키우고 판매자의 힘은 약화하는 결과만 가져올 뿐이다. 그리고 그 끝에는 플랫폼에 대한 영원한 종속만 남아 있다.

물론 플랫폼 안에서 성공한 사업자들도 존재한다. 하지만 이는 일부에 불과하며, 지금 이익을 내고 있다고 해서 언제까지나 이익을 낼 수 있는 것은 아니다. 자신보다 더 낮은 가격을 제시하는 판매자가 나타나거나 플랫폼이 동일한 제품을 더 낮은 가격에 판매하기 시작하면 판매자의 경쟁력은 쉽게 소멸된다. 애써 모아온 리뷰도 함께 사라진다. 실제로 아마존의 오픈마켓을 이용하는 사업자들 중에는 판매량 1위를 기록하던 사업자가 하루아침에 사라지는 일이 빈번하게 발생하고 있다. 따라서 플랫폼으로부터 자신을 지키거나 플랫폼에 대항하기 위해서는 플랫폼의 카탈로그부터 제대로 이해해야 한다. 눈에 보이는 것이 전부가 아니다. 플랫폼의 지배에서 벗어나기 위해서는 눈에 보이지 않는 곳에서 플랫폼의 카탈로그가 어떻게 판매자들을 경쟁시키고 이익을 얻어내고 있는지 알아야 한다.

소비 시장을 주무르는 큰손,
디지털 광고

플랫폼의 주 수입원은 중계 수수료다. 그런데 배달의민족은 2015년 8월부터 중계 수수료를 0%로 변경했다. 어떻게 플랫폼이 주 수입원인 수수료를 전혀 받지 않을 수 있을까? 바로 광고다. 광고는 카탈로그와 더불어 플랫폼의 이익에 중요한 역할을 한다. 아마존, 쿠팡, 네이버, 배달의민족 등 몸집을 키운 플랫폼들은 모두 광고를 통해 큰 매출을 올리고 있다.

첫 화면, 왼쪽 상단을 차지하라

플랫폼은 물리적 공간을 점유하지 않아 이론적으로는 플랫폼에 입점

스마트폰 화면에서 좌측 상단에 위치한 제품들이 소비자의 가장 많은 관심을 받는다. 때문에 판매자들은 이 위치에 자신의 제품을 노출하기 위해 경쟁할 수밖에 없다.

한 모든 판매자에게 제품을 판매할 수 있는 동등한 기회가 제공된다. 하지만 현실은 그렇지 않다. 플랫폼 자체에는 물리적 제약이 없지만, 사람들이 사용하는 스마트폰이나 컴퓨터에는 '화면의 크기'라는 물리적 제약이 존재한다. 사람들이 제품을 검색하고 구매할 때 사용하는 스마트폰이나 컴퓨터 화면에 담을 수 있는 제품 수는 한정되어 있고, 다음 화면으로 넘어가기 위해서는 소비자의 인지적, 신체적 노력이 필요하다. 그래서 첫 화면에 보이는 제품들이 소비자의 관심을 받을 가능성이 크고, 소비자들도 이런 제품들이 시장에서 현재 가장 인기 있고, 믿을 만한 제품이라고 생각한다. 그중에서도 화면 좌측 상단에 위치한 제품들이 소비자에게 가장 많은 관심과 신뢰를 얻게 된다.

나는 '플랫폼 내 노출 순위가 소비자에게 미치는 영향'을 연구하기 위해 20세에서 49세 성인 남녀(남성 48%, 여성 52%) 300명을 대상으로 조사를 했다. 응답자에게는 구매하려는 제품의 판매처 두 곳에 대한 정보를 제공했다. 한 곳은 네이버쇼핑 검색 첫 화면 상단에 나타난 곳이고, 다른 곳은 검색 리스트 아래쪽에 있는 곳이었다(가격과 배송 기간은 동일). 조사 결과, 응답자의 73.3%가 검색 첫 화면 상단에 나타난 판매자를 그렇지 않은 판매자보다 더 신뢰한다고 응답했다. 검색 첫 화면 상단에 나타난 판매자와 거래하는 것이 그렇지 않은

플랫폼 내 노출 순위가 소비자에게 미치는 영향

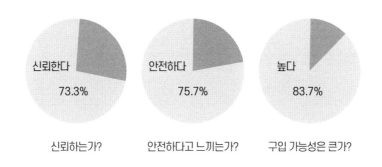

소비자들에게 네이버쇼핑 첫 화면 상단에 제시된 판매자를 그렇지 않은 판매자와 비교해 신뢰하는지(왼쪽), 안전하다 느끼는지(가운데), 구입 가능성이 더 큰지(오른쪽)에 대해 물었다. 세 질문 모두 검색 첫 화면 상단에 제시된 판매자를 선택한 사람들이 더 많았다.

판매자와 거래하는 것보다 안전하다고 느끼는 응답자도 75.7%였다. 검색 첫 화면 상단에 제시된 판매자에게 제품을 살 가능성이 그렇지 않은 판매자보다 높다고 답한 응답자는 무려 83.7%나 되었다.

동일한 연구에서 '플랫폼의 검색 순위와 거래 위험에 대한 인식'에 대해서도 조사했다. 이를 위해 응답자들에게 "네이버쇼핑 첫 화면 상단에 제시된 판매자에게 돈을 지불했지만 제품을 받지 못한 경우, 네이버쇼핑이 도움을 줄 것이라고 기대하는지?" 물었다. 이 질문에 응답자의 66%가 네이버쇼핑이 도움을 줄 것이라고 답했고, 네이버쇼핑 첫 화면 상단에 제시된 판매자의 제품에 하자가 있는 경우에는 응답자의 58%가 네이버쇼핑이 도움을 줄 것이라고 응답했다.

플랫폼의 검색 순위와 거래 위험에 대한 인식

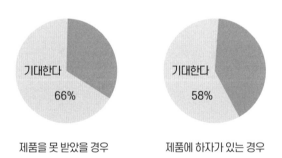

기대한다 66%　제품을 못 받았을 경우

기대한다 58%　제품에 하자가 있는 경우

네이버쇼핑 첫 화면 상단에 제시된 판매자와의 거래에서 문제가 발생할 경우, 네이버가 해결해줄 거라고 생각하는 사람이 응답자 중 절반 이상이었다.

즉, 응답자의 절반 이상이 네이버의 도움을 받을 수 있을 거라 생각했다. 하지만 네이버쇼핑은 통신판매 중개업자로 이런 상황에서 법적인 책임이 전혀 없다. 응답자들이 온라인 쇼핑에 익숙한 20세에서 49세의 젊은 소비자였음에도 절반 이상이 잘못 알고 있었다.

이 조사 결과는 플랫폼 검색 순위의 힘을 여실히 보여준다. 소비자들은 플랫폼의 검색 순위에서 상위에 있는 판매자를 신뢰한다. 이들이 그렇지 않은 판매자보다 더 안전하다고 생각하고, 이들에게서 제품을 살 가능성도 크다. 그러므로 판매자들은 플랫폼 검색 결과에서 상위에 위치하기 위해 노출 경쟁을 할 수밖에 없다.

소비자의 선택을 좌우하는 플랫폼 검색 노출 순위

이제 우리는 플랫폼이 모든 판매자에게 기회를 준다는 것은 지극히 이론적인 이야기라는 걸 알 수 있다. 실제로는 플랫폼에서의 노출 순위가 소비자의 의사결정에 큰 영향을 미쳐 판매자들은 제품 검색 결과 첫 화면 상단에 노출되기 위해 경쟁할 수밖에 없다. 소비자가 자신이 원하는 것이 무엇인지 잘 모르는 경우일수록 제품의 검색 순위가 구매에 큰 영향을 미친다. 구글의 학술 검색 서비스 스칼라Scholar를 사용하는 연구자를 예로 들어보자. 많은 연구자는 구글 스칼라에 키워드를 넣고, 자신이 하고 있는 연구 주제와 관련된 논문들을 찾는다. 연구자들은 찾고 싶은 논문 내용에 대해 잘 알고 있기 때문에 검색 페이지를 넘기며 필요한 논문을 찾을 때까지 검색 결과를 뒤진다. 내 경우에도 10페이지가 넘는 구글 검색 결과를 일일이 모두 살펴본다. 신발 수집가도 비슷하다. 특정 디자인이나 브랜드의 신발을 원하는 수집가는 플랫폼 첫 화면에 나오는 신발이라고 해서 특별히 매력을 느끼지는 않는다. 이런 사람들은 원하는 신발을 찾을 때까지 검색 페이지를 넘겨본다.

이처럼 플랫폼 이용자가 자신이 원하는 것이 무엇인지 잘 알고 있는 경우에는 플랫폼 첫 화면 상단 노출이 이용자의 의사결정에 큰 영향을 미치지 못한다. 하지만 많은 소비자가 자신이 원하는 제품이 무엇인지 잘 알지 못하거나 어떤 제품을 살지 결정하지 않은 상태에서 플랫폼의 제품 검색 서비스를 이용한다. 그래서 검색 결과 첫 화면 상단에 노출된 제품이 판매량이 많고 신뢰할 수 있는 제품이라는 인상을 줘서 그 제품을 선택할 확률이 높다. 그렇게 되면 검색 페이지 뒤에 위치한 제품이나 판매자는 소비자에게 노출될 기회조차 얻지 못한다.

검색 노출이 큰 힘을 발휘하는 또 다른 경우는 소비자들이 제품 간 차별성을 적게 인식할 때다. 제품이 모두 비슷하게 느껴지면 소비자는 굳이 검색 페이지를 넘기며 제품을 일일이 비교할 필요성을 느끼지 못해 검색 페이지 첫 화면 상단에 보이는 제품을 선택하게 된다. 프랜차이즈 브랜드의 치킨이나 피자와 같은 배달음식이 여기에 해당한다. 소비재 제품들 중에서 가격이 낮은 생활용품이나 식품도 마찬가지다. 이런 제품들은 소비자가 느끼기에 제품 간 별 차이가 없다고 생각해 검색 순위의 영향을 크게 받는다.

2020년 미국의 한 리서치 회사는 구글 검색 결과를 대상으로 검색 순위가 사람들에게 미치는 영향을 분석한 결과를 공개했다.[1] 8천만 개가 넘는 검색어와 수십억 개의 검색 결과를 클릭한 비율을 계산해보니 구글 검색에서 가장 처음 나타난 결과를 클릭한 비율은 28.5%였다. 두 번째 검색 순위부터는 클릭 비율이 현저히 낮아졌고, 일곱 번째 검색 결과를 클릭한 비율은 4%, 10번째 검색 결과를 클릭한 비율은 2.5%에 불과했다. 두 번째 페이지에 나오는 검색 결과를 클릭하는 비율은 1%도 되지 않았다. 검색 결과가 소비자에게 미치는 힘이 얼마나 큰지 잘 보여주는 연구였다.

구글 검색 순위에 따른 클릭 비율

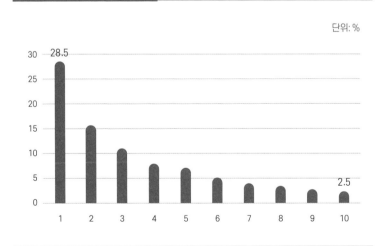

단위: %

출처: SISTRIX

플랫폼이 광고 수익을 올리는 방법

플랫폼은 검색 화면이 소비자의 의사결정에 미치는 영향력에 대해 잘 알고 있다. 그래서 이를 이용해 이익을 낼 수 있는 방법을 계속해서 고안해낸다. 아마존은 제품 검색 첫 화면, 첫 줄에 광고비를 낸 제품을 보여준다. 이런 제품에는 'sponsored(후원된)'라는 문구를 넣어 광고임을 표시하지만, 눈에 잘 띄지 않고 의미도 모호해서 주의를 기울이지 않으면 광고라는 것을 인식하지 못할 정도로 일반 제품 화면과 차이가 없다. 광고지만 소비자들이 광고라고 인식하기 어렵게 만든 것이다. 네이버쇼핑도 광고료를 지불한 판매자는 검색 화면 가장 상위에 노출한다. 아마존과 같이 '광고'라고 표시는 하지만 눈에 잘 띄

아마존(위쪽)과 네이버(아래쪽) 모두 검색 화면 상위에 광고 제품을 노출시킨다. 'Sponsored'와 '광고'라고 표시하고 있긴 하지만 주의를 기울이지 않으면 알아 보기 어려울 정도로 작게 표시되어 있다.

지 않는다. 설령 소비자들이 이 표시를 보고 광고라고 인식했어도 첫 화면 상단은 소비자들이 가장 많은 인지적 주의를 기울이는 곳이라 여기에 노출된 제품은 소비자의 뇌에 강한 인상을 줄 수밖에 없다.

플랫폼은 검색 결과 중간 중간에 광고비를 지불한 제품을 끼워 넣는 방식을 사용하기도 하는데, 쿠팡은 검색 결과 첫 번째 줄 왼쪽(소비자가 가장 많은 주의를 주는 곳)과 다섯 번째, 여섯 번째, 아홉 번째 검색 결과에 광고비를 지불한 제품을 보여준다(2021년 기준). 검색 결과 사이에 광고 제품을 끼워 넣을 경우 광고 제품이 마치 검색 결과인 것처럼 보여서 광고 효과가 증대된다.

네이버쇼핑은 좀 더 진화된 형태로 광고 수익을 얻는다. 스마트폰으로 네이버쇼핑 앱에 들어가면 '트렌드Pick'이라는 카테고리에 다양한 제품들이 나타난다. 소비자들은 이 제품들이 요즘 트렌드라고 생각하고 관심을 가지지만, 사실 이 카테고리는 광고료를 받고 제품을 노출하는 광고 서비스다. 추천 상품이라는 항목 아래에 노출되는 제품들도 광고다. 네이버쇼핑의 첫 화면에 노출되는 대부분 제품이 광고성 노출이라고 보면 된다. 하지만 소비자들 중에 이를 광고라고 알고 있는 사람들은 그리 많지 않다. 이런 광고 노출 방법은 뒷광고* 논란을 가져온 유튜버나 SNS의 인플루언서들 이상으로 문제가

● 인플루언서가 업체로부터 대가를 받고 SNS에 제품을 올리면서 광고라고 표기하지 않는 걸 말한다. 광고라는 표시 없이 자신이 직접 사서 사용해보니 좋다는 식으로 제품을 올려 소비자들의 구매를 유도해 사회적으로 문제가 되었다.

있다.

네이버쇼핑이 많은 제조사 브랜드에 브랜드스토어를 만들어주고, 유통업체에 쇼핑 윈도 입점을 도와주는 이유 역시 광고 수익을 얻기 위함이다. 제조사나 유통업체는 네이버쇼핑 입점 비용이 크지 않고 많은 사람들이 이용하는 플랫폼이니 제품 노출 효과가 클 것이라고 생각해 네이버쇼핑에 들어간다. 입점 초기에는 네이버 첫 화면에 광고성 노출을 해주는 등 네이버쇼핑이 자신들에게 도움을 주는 편리한 도구라고 인식하게 된다. 하지만 네이버쇼핑의 선심성 서비스가 끝나는 순간 이들은 그 누구도 찾지 않는 유령 판매자로 전락하고 만다. 결국 네이버쇼핑에서 생명력을 유지하려면 광고비를 지출할 수밖에 없다.

사실 이 방법은 페이스북이 이미 오래전부터 사용하고 있는 방법이다. 페이스북은 브랜드들로 하여금 페이스북 안에 브랜드 페이지를 만들도록 유도한 뒤 그들이 타깃 소비자들에게 노출될 수 있도록 도와준다. 그리고 나서 이 서비스를 중단한다. 사업자 입장에서는 브랜드 페이지를 방문하는 사람이 갑자기 줄어드니 이를 늘리기 위해 자연스럽게 광고비를 지출한다. 그렇게 하지 않으면 아무도 찾지 않는 유령 페이지가 되기 때문이다. 네이버쇼핑이 운영하는 브랜드 스토어와 쇼핑 윈도는 페이스북의 전략과 별반 다르지 않다. 많은 제조사와 유통업체를 플랫폼으로 끌어들인 뒤, 이들로부터 광고료를 받아내는 것, 이것이 플랫폼이 광고로 수익을 올리는 전형적인 방법이다.

'광고 같지 않은 광고'의 속임수

오래전부터 TV나 신문 등 미디어들은 광고 판매로 수익을 창출해왔다. 이들이 광고를 통해 돈을 버는 것에 대해 어느 누구도 문제를 제기하지 않았다. 그런데 왜 플랫폼의 광고는 문제가 되는 것일까? 여기에는 여러 가지 이유가 있다. 우선 플랫폼의 광고는 검색 결과와 구분되지 않는다. 인터넷에서 흔하게 볼 수 있는 배너 광고의 경우, 사람들은 그것이 광고라는 것을 분명히 인식한다. 그래서 배너를 클릭하는 것은 소비자의 자율적 선택이다. 하지만 아마존, 쿠팡, 네이버 쇼핑처럼 제품 검색 결과에 광고를 끼워 넣거나 '트렌드' 같은 광고와는 전혀 다른 이름을 사용해서 광고 노출을 하게 되면 소비자들의 착각을 불러오고, 제대로 된 판단을 할 수 없게 한다. 그런 방법으로 노출된 제품은 소비자가 봤을 때 인기 제품이거나 검증된 제품인 것처럼 보일 수 있다. 쉽게 말해 광고를 광고처럼 보이지 않게 해서 구매를 유도하는 것이다.

둘째, 플랫폼의 '광고 같지 않은 광고'가 플랫폼을 이용하는 판매자의 광고비를 증가시킨다. 광고는 소비자들이 광고라고 인식하지 못할수록 광고 효과가 커진다. 광고 효과가 크다는 것은 광고비를 지출한 판매자에게는 많은 방문자가 발생하지만 그렇지 않은 판매자는 그만큼 방문자를 잃게 된다는 것을 의미한다. 온라인 판매자가 계속해서 증가하고 있는 요즘 시대에는 노출되지 않으면 그런 제품이나 판매자가 있는지 아예 모를 수 있다. 결국 제품을 팔기 위해서는 소비자에게 일단 노출이 되어야 하므로 판매자들은 광고비를 지불할 수밖에 없다. 그런데 광고비가 대부분 경매 방식으로 결정되기 때문에 노출을 원하는 판매자가 많으면 많을수록 광고비가 상승한다. 플랫폼이 판매자의 가격 경쟁을 유도해서 제품 가격을 낮추는 것처럼 판매자 간의 노출 경쟁을 유도해서 광고비를 올리고 있는 것이다.

세 번째 문제는 플랫폼의 광고는 규제에 벗어나 있다는 것이다. 플랫폼의 광고는 많은 판매자가 광고비를 내게끔 교묘하게 유도하는 구조지만, 원칙적으로 따지면 광고비 지출은 판매자의 선택이다. 이 때문에 플랫폼이 광고를 통해 돈을 버는 것을 제재하기가 쉽지 않다. 게다가 수수료와 달리 광고비는 '적정한' 가격이라는 기준이 없어 판매자 사이에 노출 경쟁을 유도하면 할수록 플랫폼은 많은 수익을 내게 된다. 배달의민족의 깃발 꽂기를 예로 들어보자. 배달의민족의 광고 서비스는 거리 제한이 있다. 사업자가 울트라콜 서비스를 이용하면 주소지 반경 1.5킬로미터 내에서 발생하는 주문에 대해 광고 노출을 얻는다. 하지만 한 사업자가 살 수 있는 광고 서비스 수는 제한이 없고, 실제 주소지가 아닌 다른 주소지를 사용할 수 있어서 더 넓은 지역에 업체를 노출하고 싶은 사업자는 여러 개의 광고 서비스를 사면 된다. 실제로 한 번에 10개 이상의 깃발을 꽂는 사업자도 많다. 외식업체들의 노출 경쟁을 유도해서 광고 수익을 극대화하고 있는 것이다.

많은 사람들은 플랫폼이 온라인 공간에서 판매자와 소비자를 연결해주는 디지털 중계소라고 생각한다. 하지만 플랫폼은 '손바닥

위의 광고판'이다. 화면이라는 물리적 제약을 이용해서 판매자의 노출 경쟁을 유도하고, 이를 통해 수익을 창출한다. 플랫폼이 판매자들 간의 경쟁을 유도하는 방법은 시간이 지날수록 점점 더 교묘해져 광고를 하지 않으면 소비자에게 검색조차 되기 어렵게 하고 있다. 앞으로 플랫폼이 거대화되면 될수록 플랫폼에서의 노출 여부가 매출에 미치는 영향은 더 커질 것이고 이로 인해 업체들 사이의 경쟁은 더욱 심화될 것이다. 결국 사업자들은 플랫폼 안에 종속되어 끊임없이 광고비를 지출해야 할 것이다.

노출을 독점하는 플랫폼

몇 년 전부터 아마존은 다양한 PB 제품을 출시하기 시작했다. 현재 제품 카테고리 안에 아마존의 브랜드가 다수 있을 정도로 아마존은 PB 사업에 주력하고 있다. 그런데 아마존이 PB 제품을 내놓은 이후부터 아마존의 제품 검색 결과가 달라지기 시작했다. 검색 결과 첫 화면에 아마존의 PB 제품이 나타난 것이다. 아마존에서 큐리그 머신용 캡슐 커피를 검색하면 아마존의 PB 제품인 솔리모 제품이 검색 결과 최상단에 나타난다.

앞서 설명했듯이 아마존의 검색 결과 화면에서 가장 큰 영향력을 가진 곳은 첫 화면, 왼쪽 상단으로 'sponsored'라고 이름이 붙어 있는 곳이다. 판매자들이 경매를 통해 높은 광고비를 지불해야만 얻

아마존에서 소비자들이 가장 많은 관심을 가지는 검색 화면 상단 왼쪽에는 '우리 브랜드 가운데 특집featured from our brands'이라고 작게 표시된 제품이 있다. 그리고 이 제품은 실제 제품 순위 3위 자리에도 있다. 여기에는 위와 같은 모호한 타이틀도 붙어 있지 않다.

을 수 있는 자리다. 그런데 언젠가부터 이 황금 위치에 아마존의 PB 제품이 나타나기 시작했다. 게다가 '광고'라는 표현 대신 '우리 브랜드 가운데 특집featured from our brands'이라는 모호한 타이틀이 붙어 있다. 아마존은 매출 효과가 가장 높은 자리에 광고라는 제대로 된 명시도 없이 자사 제품을 광고하고 있는 것이다. 이는 불공정 경쟁으로 해석될 가능성이 있다. 실제로 미국에서는 이것이 반독점법의 배

제적 행위 exclusive conduct에 해당한다는 견해가 있다.[2]

심지어 이 제품은 검색 화면 두 번째 줄에 또 나온다. 위치는 여섯 번째지만 첫 세 개는 광고 노출이므로 실제 검색 순위는 3위에 해당한다. 아마존에는 엄청나게 많은 제품이 판매되고 있어서 3위도 매우 높은 순위다. 소비자들도 순위가 높으면 실제로 많은 소비자가 선택한 좋은 제품이라고 생각한다. 하지만 진짜 그럴까? 이 제품은 판매량이나 소비자 평가에서 3위에 해당하지 않는 제품일 수도 있다. 특히 소비자에게 잘 알려지지 않은 신제품인 경우, 원래의 검색 지표 기준으로는 높은 위치에 올라가기 매우 어렵다. 이렇다 보니 아마존이 PB 제품의 매출을 올리기 위해 알고리즘을 조작한다는 이야기가 나오고 있다. 《월스트리트 저널》은 알고리즘 개발에 참여했던 익명의 개발자 인터뷰를 소개하며 아마존이 실제로 PB 제품에 유리하게 알고리즘을 조작하고 있다는 기사를 내보내기도 했다.[3]

알고리즘이 무서운 이유

실제로 아마존이 알고리즘을 조작했는지 여부는 알 수 없다. 알고리즘의 조작 여부는 전문가들도 입증하기 어려운 부분이다. 모든 플랫폼의 알고리즘은 지속적으로 업데이트되는데, 이는 이용자의 경험을 향상시키고 플랫폼의 매출을 높이기 위한 과정으로 문제 되지 않는다. 중요한 것은 업데이트 과정에서 특정 제품이나 판매자에 유리하도록 알고리즘을 변경했는지 여부다. 하지만 조작이 있었는지는 알고리즘을 들여다본다고 해서 알 수 있는 것이 아니다. 알고리즘은 함수로, 함수에는 수많은 변인이 들어가고, 그 변인들 사이에는 크고 작은 관련성이 존재한다. 플랫폼의 이익과 직접적인 관련이 없는 A라는 변인의 가중치를 높여도 결과적으로는 플랫폼의 이익이 높아질 수 있다. 가령, 아마존이 자사 제품의 검색 순위를 올리고자 할 때, 굳이 자사 제품에 가중치를 주지 않아도 된다. 대신 아마존 제품의 순위를 올리는 데 도움이 되는 다른 변인의 가중치를 높이면 된다. 이럴 경우 아마존 제품뿐만 아니라 다른 판매자 제품들 중에서도 순위가 올라가는 제품이 있어 알고리즘 변경이 아마존의 이익을 높이기 위한 것이라는 인과성을 입증하기 어렵다.

이것이 알고리즘이 무서운 이유다. 플랫폼은 알고리즘을 자신에게 유리한 방향으로 변경할 수 있지만 이러한 조작이 플랫폼의 이익을 위해서 이뤄졌다는 인과성을 입증하기는 매우 어렵다. 시간이 지날수록 플랫폼이 알고리즘을 이용하는 방법은 더욱 교묘해질 것이고, 알고리즘과 매출의 연관성을 증명하는 일은 더 어려워질 것이다. 이런 점에서 알고리즘은 플랫폼이 자신을 보호하는 데 있어서 가장 강력한 방패와도 같다.

플랫폼이 알고리즘을 변경하는 것은 크게 두 가지 측면에서 문제가 있다. 첫째, 소비자 인식이다. 소비자들은 제품에 대한 정보를 얻을 때 검색 순위에 영향을 크게 받는다. 검색 순위가 높은 제품일수록 많이 판매되었고, 믿을 수 있는 제품이라고 생각한다. 앞서 소개한 네이버쇼핑에 대한 설문 결과가 이를 잘 보여준다. 많은 소비자는 검색 첫 화면에 올라온 판매자가 그렇지 않은 판매자보다 더 믿을 수 있고, 이들과 거래하는 것이 더 안전하다고 응답했다. 검색 순위 상위를 차지하는 제품이 전부터 많이 판매되는 제품이었고 객관적 기준에서도 다른 제품들보다 좋은 제품이라면 문제가 되지 않지만 그렇지 않은 경우라면 이는 소비자를 기만하는 행위라고 봐야 한다.

또 다른 문제는 공정 경쟁이다. 플랫폼이 자신의 플랫폼에서 거래되는 제품이나 서비스와 아무런 이해관계가 없고 순수하게 중개소 역할만 한다면 알고리즘 변경은 문제 되지 않는다. 가령, 중고 거래 플랫폼이 어떤 판매자도 우대하지 않고, 판매자와 구매자가 가장 빠르게 매칭될 수 있도록 알고리즘을 개선하는 것은 판매자와 구매자 모두에게 도움이 되는 일이다. 하지만 플랫폼에는 자신과 이해관계가 있는 제품이나 판매자가 존재하기 때문에 이들에게 유리한 방향으로 알고리즘을 변경할 수도 있다. 아마존이나 쿠팡은 PB 제품을 판매하고 있고, 네이버는 자사의 오픈마켓인 스마트스토어를 운영하고 있으므로 이와 관련된 제품을 상위에 노출되도록 알고리즘을 바꿀 수 있는 것이다. 배달의민족도 B마트를 직접 운영하고 있으니 음식 주문보다 B마트 주문에 배민 라이더를 우선 배차하는 일이 발생할 수 있다.

협동조합을 예로 들어보자. 어떤 사람이 여러 지역에 흩어져서 있는 중소 판매자들을 한데 모아 오프라인 공간에 마켓을 열었다. 이 마켓은 많은 판매자와 소비자를 한 곳으로 불러 모음으로써 협동조합에 참여한 모든 사람에게 도움이 된다. 그런데 협동조합을 만든 사람이 자신의 가족이 운영하는 매장을 마켓 안에서 가장 좋은 위치에 입점시킨다면 어떨까? 이런 행위는 협동조합에 참여하는 판매자와 소비자 모두에게 불공정한 행위다. 협동조합의 경우 불공정한 행위와 과정이 쉽게 눈에 드러나지만, 플랫폼은 그렇지 않다.

아직은 그 어떤 플랫폼도 자사에 유리하게 알고리즘을 변경했다고 단정 지을 수 없다. 이는 법원이 판단할 일이다. 중요한 것은 가능성이다. 플랫폼은 언제든지 눈에 보이지 않는 방식으로 알고리즘을 자신에게 유리하게 변경할 수 있다. 알고리즘 기술이 진화하면 할수록 조작 가능성은 더욱 커지고, 이를 입증하는 것은 점점 더 어려워질 것이다.

거대 플랫폼의
힘

쇼핑 플랫폼은 두 가지 중심축, 카탈로그와 광고를 기반으로 운영된다. 플랫폼의 카탈로그는 제품의 판매 가격을 떨어뜨려서 더 많은 소비자가 플랫폼으로 들어오게 만들고, 기존 판매자의 힘은 약화시켜서 끊임없이 새로운 판매자를 유입시킨다. 새로운 판매자가 많이 들어올수록 제품 판매 가격은 하락하므로 카탈로그 시스템은 플랫폼의 양면 네트워크 효과를 극대화하는 최고의 장치다.

또 다른 장치인 광고는 플랫폼의 수익을 담당한다. 소비자가 플랫폼에서 볼 수 있는 건 스마트폰이나 컴퓨터의 작은 검색 화면이 전부다. 그래서 판매자들은 소비자에게 잘 보이는 곳에 자사 제품을 노출하기 위해 광고비를 지출한다. 플랫폼은 이 점을 이용해 판매자들의 노출 경쟁을 유도한다. 이뿐만 아니라 직접 만든 PB 제품을 판매율이 가장 높은 자리에 넣거나 검색 알고리즘을 통해 PB 제품이나 플랫폼이 직접 운영하는 플랫폼(예를 들어 네이버의 스마트스토어)의 제품을 검색 순위 상위에 위치하게 할 수도 있다. 이 두 가지 축만 보더라도 거대 플랫폼의 힘을 충분히 알 수 있을 것이다. 다음에서는 거대 플랫폼이 가진 힘에 대해 좀 더 자세히 알아보자.

마케팅 기회를 없애다

거대 유통업체로 인한 문제는 사실 예전에도 존재했다. 불과 10년 전만 하더라도 한국 유통 시장에서 가장 큰 문제로 인식되던 것은 대형마트였다. 많은 언론이 대형마트의 문제점을 제기했고, 정부에서는 골목 상권과 재래시장을 보호하기 위해 대형마트를 규제하는 법안을 만들었다. 하지만 거대 플랫폼의 등장은 대형마트의 등장과는 차원이 다른 이야기다. 우선 대형마트는 매장이라는 물리적 공간에서 운영되기 때문에 도달할 수 있는 소비자 수에 한계가 있고, 매장에서 판매할 수 있는 제품의 종류도 제한적이다. 그래서 대형마트는 아무리 규모가 크고 매장이 많더라도 시장 지배력에 한계를 지니며 복수의 대형마트와 중소형 규모의 마트가 서로 경쟁하며 공존하는 것이 가능하다. 그러나 온라인 플랫폼은 대형마트와 달리 하나의 플랫폼이 전체 시장을 지배할 수 있다.

이보다 더 중요한 차이점은 소비자의 의사결정 과정에 미치는 영향이다. 온라인 플랫폼은 소비자의 의사결정 전 과정을 점유할 수 있지만, 오프라인 유통업체는 그렇지 못하다. 앞서 설명한 것처럼 소비자의 의사결정은 '니즈 발생 → 정보 탐색 → 선택 → 구매'의 네 단계 과정을 거치는데, 온라인 플랫폼을 이용하는 소비자는 이 모든 과정을 하나의 온라인 플랫폼에서 하게 된다. 아이에게 농구공을 사주는 경우를 생각해보자. 아이가 부모에게 농구공이 필요하다고 말하는 순간 부모에게는 '농구공 구입'이라는 새로운 니즈가 발생한다. 부모는 스마트폰의 쇼핑 앱을 실행해 검색창에 '아동용 농구공'이라는 단어를 입력한다. 플랫폼은 입력된 검색어를 분석한 후 관련성과 가격 기준에 따라 다양한 제품을 보여준다. 부모는 검색된 제품들 가운데 하나를 선택해 구매 버튼을 누른다. 즉, 제품 검색, 선택, 구매에 이르는 모든 과정을 특정 플랫폼에서 다 하는 것이다.

하나의 플랫폼 안에서 검색, 선택, 구매를 모두 할 수 있다는 것은 소비자에게 '편리함'으로 인식된다. 하지만 제조사나 유통업체는 소비자에게 자신의 제품을 판매할 마케팅 기회를 빼앗기는 것이다. 오프라인 매장을 중심으로 구매가 이뤄졌던 기존 유통 구조에서는 니즈를 인식한 소비자가 실제로 제품을 사기 위해서는 매장을 방문해야 하므로 소비자가 제품 구매의 필요성을 인식하는 것과 구매 사이에 시간적, 공간적 차이가 존재한다. 그리고 이 차이가 크면 클수록 소비자가 구매 전에 다양한 정보에 노출될 확률이 높아지고, 최종 선택을 바꿀 가능성이 커진다. 기업 입장에서는 이때가 마케팅에서 가장 중요한 시간이다. 니즈를 인식했지만 어떤 제품을 살지 결정하

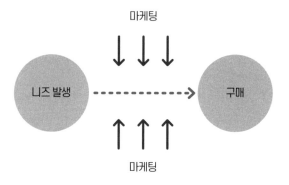

많은 마케팅 활동은 소비자가 니즈를 인식한 시점과 구매 시점 사이에 발생한다. 그래서 니즈 발생과 구매 사이의 시간적, 공간적 거리가 멀수록 마케팅 기회가 커진다.

지 못한 소비자에게 광고나 혜택과 같은 마케팅을 통해 자사 제품을 사도록 유도할 수 있다.

그런데 소비자가 제품 검색부터 구매에 이르는 모든 의사결정을 하나의 플랫폼 안에서 하게 되면, 다른 매장을 방문할 필요성이 없어져 니즈 발생과 구매 시점 사이에 차이가 사라진다. 플랫폼이 제공하는 편리한 검색과 결제 시스템도 소비자가 니즈를 인식한 시점으로부터 구매에 이르는 시간을 크게 단축해 기존 유통 구조에서 존재했던 차이를 더 줄였다. 이렇게 되면 기업은 소비자를 설득할 기회, 즉 마케팅 기회를 갖지 못하게 되고, 플랫폼은 소비자의 선택에 가장 큰 영향을 미치는 절대적인 위치에 서게 된다. 소비자의 의사결정에서 플랫폼의 영향력은 극대화되고, 제조사나 유통업체의 영향력은 상실되는 것이다.

플랫폼은 플랫폼 내부에서 소비자 니즈를 발생시키기도 한다. 미국 시카고대학교의 아일릿 피시바흐Ayelet Fishbach 교수와 고려대학교의 최진희 교수가 진행한 연구가 있다.[4] 이들은 참가자들에게 온라인 쇼핑몰을 구경하게 한 뒤 구경한 제품 중 하나를 선택하게 했다. 흥미로운 건 그저 재미로 제품을 구경하고 선택하게 하는 것만으로도 참가자들의 구매 욕구가 증가했다는 것이다. 단순한 제품 검색 과정에서도 없던 구매 욕구가 생길 수 있다는 걸 뒷받침해주는 결과다.

요즘 소비자들은 스마트폰에 설치한 앱으로 쇼핑을 한다. 오프라인 매장에서 아이 쇼핑하듯 앱을 통해 플랫폼에서 판매하는 다양한 제품들을 구경한다. 마음에 드는 제품을 찾으면 하트나 찜하기 등으로 표시해놓기도 하고, 장바구니에 담아두기도 한다. 무신사 앱을 사용하는 소비자라면 수시로 무신사 앱에 들어가서 새로 나온 신발이나 의류를 구경하고, 이들 중 마음에 드는 제품은 하트 표시를 하거나 장바구니에 담는다. 소비자가 이런 행동을 하는 이유는 특정 제품에 대한 니즈가 있어서가 아니라 제품을 비교하고 선택하는 행동 자체가 재미있기 때문이다. 이런 과정에서 마음에 드는 제품을 찾게 된 소비자는 자기도 모르게 그 제품에 대한 강한 구매 욕구가 생기게 된다. 검색이 니즈를 발생시킨 것이다.

검색 과정 말고도 시간적 압박을 통해 이전에 없던 니즈를 발생시키기도 한다. 우연히 들어간 쇼핑 앱에서 특정 제품을 일시적으로 크게 할인 판매한다는 사실을 알게 된 소비자는 그 기회를 놓치고 싶지 않은 마음이 생긴다. 해당 제품이 원래 사려고 계획했던 제품이면 상관없지만, 대부분 계획하지 않은, 필요하지 않은 제품인 경우가 더 많다. 일시적인 할인 판매는 소비자들에게 쉽게 오지 않는 '기회'라고 인식되기도 하고, 제품이 다 팔리기 전에 빨리 사야 하는 시간적 압박으로 다가오기도 한다. 시간적 압박은 소비자들의 이성적 사고를 방해해 굳이 살 필요도 없는 제품을 사게 만든다.

이처럼 플랫폼은 소비자가 가지고 있지도 않았던 새로운 니즈까지 발생시킨다. 니즈 자체가 플랫폼 안에서 발생하게 되면 이후 소비자의 의사결정 과정은 당연히 플랫폼 안에서 이뤄질 수밖에 없다. 다른 제조사나 유통업체가 끼어들 틈이 전혀 존재하지 않는 것이다. 미국 소비자의 절반이 쇼핑 검색 시 아마존을 처음 이용하고, 한국에서는 네이버의 검색 점유율이 60%다. 쿠팡의 유료 회원 수도 2020년 기준으로 이미 470만 명에 달한다. 앞으로 점점 더 많은 사람들이 하나의 플랫폼 안에서 제품을 검색하고, 비교하고, 구매할 것이다. 수시로 앱을 실행해 아이 쇼핑을 즐기는 소비자도 증가할 것이다. 결국 소비자의 구매 행동에 미치는 플랫폼의 영향력은 점점 커지고, 제조사나 유통업체의 마케팅은 힘을 잃게 될 것이다.

모든 데이터를 점유하다

현대 유통 산업 발전에 가장 크게 기여한 것은 데이터다. 기업은 데이터를 활용해 재고를 관리하고, 매장에서 판매할 제품의 종류, 사이즈, 가격 등을 결정하며, 프로모션 효과를 높인다. 대표적으로 스캐너 데이터가 있는데, 이는 계산대에서 고객이 사는 제품을 스캔하면, 제품에 대한 정보뿐만 아니라 고객의 개인 정보(고객 카드를 만들 때 소비자들이 제공하는 정보), 날씨, 경제 상황과 같은 환경 정보 등을 결합해 마케팅에 활용한다. 스캐너 데이터는 1980년대부터 미국 유통업체의 재고 관리, 제품 구성, 프로모션 계획 등에 폭넓게 적용되어 오프라인 매장의 이익을 높이고 충성 고객을 관리하는 데 중요한 역할을 해왔다. 그 후 이메일이나 문자 메시지 등을 통해 고객에게 직접 마케팅하는 것이 가능해지면서 데이터 활용도는 더욱 높아졌다.

대형마트는 데이터를 통해 고객의 구매 패턴을 분석해서 고객이 필요로 할 제품을 미리 파악하고 이에 맞춰 마케팅을 진행한다. 미국 경제 잡지 《포브스》는 미국의 대형마트 타깃Target이 데이터를 활용해서 10대 소녀의 임신 사실을 부모보다 먼저 파악하고 임신과 출산에 필요한 제품의 프로모션을 보냈다고 소개하기도 했다.[5] 그런데 이 기사는 이미 10년 전 일로, 현재 데이터를 활용한 마케팅은 더욱 활용도가 높아져서 신제품 개발, 브랜드 전략 수립, 광고 커뮤니케이션 계획, 소비자 개개인에 특화된 제품 추천과 프로모션에 이르기까지 다양한 영역에 폭넓게 사용되고 있다. 데이터를 활용한 마케팅을 지칭하는 용어도 데이터베이스 마케팅에서 빅데이터 마케팅, 디지털 마케팅 등으로 변경되었다.

이제 데이터는 기업의 활동에서 없어서는 안 될 요소로 자리 잡았다. 제품의 다양성이 증가하고, 소비자의 선택 폭이 넓어지면서 브랜드 간 경쟁이 심화하고, 소비자 선호의 변동성이 커짐에 따라 데이터의 중요성은 점점 더 커지고 있다. 문제는 플랫폼이 데이터까지 점유하며 다른 모든 사업자를 플랫폼 아래 종속시키고 있다는 것이다.

데이터의 가치를 결정하는 요소는 폭과 깊이다. 폭이란 얼마나 많은 사람들의 데이터를 가졌는지를 말한다. 데이터의 폭이 넓을수록 기업은 시장 전체의 흐름을 파악해서 다수의 소비자가 원하는 제품을 개발할 수 있다. 깊이는 한 소비자의 행동에 대해 얼마나 깊게 알 수 있는지를 의미하는데, 소비자 행동을 깊게 파악하면 할수록 그 소비자의 선호를 보다 정확하게 이해할 수 있고, 그 소비자에게 딱 맞는 제품을 추천하고 관심을 가질 만한 광고를 보여주며 행동을 변화시킬 프로모션을 제공할 수 있다. 플랫폼은 소비자들이 플랫폼 안에서 제품 검색부터 구매에 이르는 모든 소비 행동을 하므로 그 어떤 사업자보다 폭넓고 깊은 데이터를 점유할 수 있다.

반면 자체 판매 채널을 가지지 못해 플랫폼 안에서 사업을 운영하는 판매자들이 얻을 수 있는 데이터는 점점 더 줄어들고 있다. 개별 판매자나 제조사는 거대 플랫폼 등장 이전에도 소비자에 대한 많은 데이터를 가지지 못했다. 그래서 거대 플랫폼이 데이터를 장악하는 것이 얼마나 큰 문제인지 인식하지 못할 수도 있다. 하지만 자신이 이용할 수 있는 데이터는 예전과 차이가 없더라도 플랫폼이 이용할 수 있는 데이터가 증가하면 플랫폼을 제외한 다른 모든 사업자의 경쟁력이 약해진다는 것을 알아야 한다.

이렇게 데이터 점유율의 차이가 벌어지면 어떤 일이 일어날까? 우선, 플랫폼이 직접 제품을 개발할 수 있다. 아마존이나 쿠팡과 같은 거대 플랫폼들은 유통 플랫폼에 머물지 않고 직접 제품 제조까지 한다. 이를 생산하는 플랫폼, 즉 P-플랫폼producing-platform●이라고 하는데, 아마존이 보유한 브랜드 수만 해도 2020년 기준으로 450개나 된다(아마존의 PB 제품과 아마존 전용 브랜드를 모두 포함). 쿠팡도 자체 브랜드를 12개나 보유하고 있다(2021년 기준). 그 외에도 마켓컬리는 컬리스, 무신사는 무신사 스탠다드, 배달의민족은 B마트 등 대부분의 플랫폼이 자체 브랜드를 만들고 있다. 이들은 자신들이 가진 데이터를 통해 시장에서 가장 많이 판매되는 제품의 종류와 특징이 무엇인지 쉽게 알 수 있어서 경쟁력이 높은 제품을 출시할 수 있다. 심지어 오픈마켓에서 개인이나 소규모 생산자가 만들어 판매하는 인기 제품을 모방해서 판매할 수도 있다. 그렇게 되면 플랫폼을 이용하는 제조사, 판매자, 중소 생산자 모두 큰 타격을 입게 된다.

플랫폼은 데이터를 활용해서 제품의 판매량에 직접적인 영향을 줄 수도 있다. 특정 제품을 잘 팔리게 하거나 팔리지 않게 하는 것은 플랫폼에게는 쉬운 일이다. 소비자에게 특정 브랜드 제품을 추천하

●　　보다 자세한 내용은 《노 브랜드 시대의 브랜드 전략》을 참고하길 바란다.

거나 제품의 노출 위치나 빈도를 조정하고, 특정 브랜드를 위한 프로모션을 진행하는 것만으로도 플랫폼 안에서의 매출은 크게 달라진다. 플랫폼이 데이터를 점유하고 활용하는 능력이 뛰어날수록 플랫폼 안의 모든 브랜드 매출을 좌지우지할 수 있는 절대적인 권력자가 된다. 이 때문에 플랫폼 안에서 제품을 판매하는 모든 사업자는 플랫폼의 무리한 요구를 거부할 수 없는 취약한 존재가 되고, 플랫폼에 의존적으로 될 수밖에 없다. 이미 한국의 많은 대형 제조사는 플랫폼 전용 상품 개발을 거부하지 못하고 있는 실정이다. 시간이 지날수록 플랫폼 이용자들의 플랫폼에 대한 종속과 의존성은 더욱 심해질 것이다. 결국에는 모두가 거대 플랫폼의 눈치를 보며 사는 세입자 처지가 될 것이다.

플랫폼의 문어발식 영역 확장

2020년 11월 아마존은 온라인 약국 사업을 하겠다고 발표했다. 이 사업은 조제약을 직접 배달해주는 것으로, 현재 아마존 프라임 멤버(유료 멤버)에게 무료 배송 서비스를 하고 있다. 우리는 아마존의 약국 사업을 단순히 아마존이 판매하는 제품 종류가 하나 더 늘어난 것으로 생각해서는 안 된다. 미국에서는 조제약 시장의 가격을 PBM pharmacy benefit manager 이라고 불리는 사람들이 결정하는데, 이들은 보험사나 거대 약국 체인에 소속되어 조제약의 공급 가격을 협상하는 역할을 한다. 가장 큰 PBM 회사의 매출이 가장 큰 제약사의 매출을 넘어설 정도로 미국 제조약 시장에서 PBM의 힘은 강력하다. 아마존이 조제약을 판매한다는 것은 PBM을 거치지 않는다는 것으로, 이는 미국 조제약 유통 시장의 구조 자체를 붕괴시키는 일이다.

아마존은 약국 사업 외에도 콘텐츠 제작과 스트리밍, 클라우드 서버, 집수리 서비스 등을 제공한다. 연구자와 기업이 쉽게 설문 데이터를 수집하도록 도와주는 플랫폼인 아마존 메카니컬 터크 Mechanical Turk를 운영하고, 자신들의 오픈마켓을 이용하는 판매자들을 대상으로 대출 서비스도 제공한다. 심지어 병원도 운영한다. 현재는 아마존의 물류창고 직원들을 위한 병원이지만, 언젠가는 일반 사람들을 대상으로 한 병원으로까지 진출할 수 있을 것이다. 아마존이 최근 인수하거나 협력을 체결한 회사들을 살펴보면, 조만간 의료보험, 자동차 보험, 명품 브랜드 유통, 스마트홈 시스템 구축 등으로 사업 영역을 확장할 것으로 예상된다.

아마존의 사업 전략을 따라가고 있는 쿠팡은 2019년 5월부터 쿠팡이츠를 통해 배달음식 시장에 진출했고, 현재 OTT 서비스도 제공한다. 2020년 7월 싱가포르의 스트리밍 서비스 업체 훅Hooq을 인수하면서 '쿠팡오리지널', '쿠팡플러스', '쿠팡플레이' 등을 상표권으로 등록했고, 같은 해 12월 쿠팡플레이라는 이름으로 OTT 서비스를 시작했다. 월 2,900원을 내면 다양한 콘텐츠를 무료로 볼 수 있을 뿐 아니라 쿠팡의 로켓배송까지 이용할 수 있다. 그리고 다른 OTT

플랫폼처럼 드라마나 영화도 직접 제작하기 시작했다. 이외에도 현재 중고차 검정 및 매매 사업과 관련한 상표권을 출원하면서 중고차 시장에도 진출할 거라는 전망이 나오고 있다.

네이버도 다양한 영역으로 사업 분야를 넓혀 가고 있는데, 네이버의 영역 확장이 가장 두드러진 분야는 금융 서비스다. 네이버는 현재 결제 서비스 네이버페이와 네이버통장뿐 아니라 투자한 주식 정보를 모바일로 쉽게 확인할 수 있는 서비스도 제공한다. 네이버의 오픈마켓인 스마트스토어 판매자들을 대상으로 대출 서비스를 시작했고, 추후 보험 상품 판매까지 예상된다(이는 현재 아마존이 하고 있는 일이기도 하다). 네이버의 금융 서비스는 아직 시작 단계라 시장에서 얼마나 지배력을 가지게 될지는 아직 미지수지만 많은 금융사와 보험사가 네이버 플랫폼 안으로 들어올 경우, 가격 경쟁과 노출 경쟁은 피할 수 없을 것이다.

네이버는 YG 엔터테인먼트와 합작해 와이앤컬쳐스페이스YN Culture&Space라는 회사도 만들었다. 사업 목적에는 공연 기획이나 행사 주최 말고도 주택건설사업, 부동산 개발업, 분양 및 분양 대행업 등이 포함되어 있다. 설립 초기라 더 지켜봐야겠지만, 사업 목적만 봤을 때 부동산업이나 건설업 진출까지도 가능하다는 것을 알 수 있다.

거대 플랫폼은 같은 사업 영역인 플랫폼도 장악할 수 있다. 대표적인 예가 운동화 리셀 시장이다. 젊은 층 사이에서 슈테크(신발과 재테크 합성어)가 재테크 수단으로 인기를 끌면서 이와 관련한 플랫폼들이 많이 생겨났다. 운동화 리셀 시장 규모는 2020년 기준으로 북미 시장에서만 20억 달러(2조 4천억 원), 한국 시장도 5천억 원 이상으로 추산된다.[6] 원래 운동화 거래는 관련 동호회나 카페 커뮤니티 등을 통해서 이뤄져 왔다. 그런데 네이버가 2020년 3월 리셀 플랫폼인 크림Kream을 출시하면서 중소 플랫폼의 영역까지 사업을 확장했다. 크림은 초반 시장 장악을 위해 무료 수수료와 무료 배송비 정책을 내세우며 빠르게 이용자를 늘렸고, 더 많은 사람들을 플랫폼으로 끌어오기 위해 추첨을 통해 새로 나온 한정판 운동화를 살 수 있는 기회를 제공하기도 했다(이를 래플raffle이라고 부른다). 이러한 다양한 마케팅을 통해 크림은 6개월 만에 국내 1위의 리셀 플랫폼이 되었다. 이용자 수도 1년 만에 5배나 늘었다. 모바일인덱스의 조사 결과, 크림의 월간 이용자 수는 2020년 5월 8만 6천 명에서 2021년 5월 45만 명으로 집계됐다. 이렇다 보니 네이버와 같은 거대 플랫폼이 리셀 시장에 진출하는 것에 대해 기존 판매자들은 크게 반발하고 있다. 하지만 네이버는 젊은 소비자층을 불러 모을 수 있는 리셀 시장에 더 주력할 것으로 보인다. 2021년 2월 스페인 1위 리셀 플랫폼인 왈라팝Wallapop에 1,550억 원을 투자했고, 5월에는 태국의 리셀 플랫폼인 SASOM Sasom Company Limited에도 투자했다.

플랫폼의 시장 지배력이 강해지면 강해질수록 이들이 진출할 수 있는 영역은 더 많아진다. 아마존이 그랬고, 앞으로 쿠팡도 아마존을 따라 소비재 시장의 거의 모든 영역에 침투할 것으로 보인다. 네이버는 이미 금융에 이어 운동화 리셀 시장까지 다양하게 영역을 넓혀가고 있다. 이처럼 영역을 넓혀 거대화된 플랫폼들은 자신들의 플랫폼 안에서 판매자들끼리 경쟁하게 만들 수도 있고, 한 명의 판매자와 협력 관계를 구축해 협력 관계에 있지 않은 판매자와 제조사, 서비스 업체들을 곤경에 빠뜨릴 수도 있다. 플랫폼은 어떤 형태가 되던 쉽게 수익을 올릴 것이고, 어떤 사업 영역이든 진출해서 시장을 장악할 것이다.

오프라인 영역까지 침투하다

오프라인 매장을 중심으로 운영하는 기존 제조사와 유통업체들은 오프라인만큼은 자신들만의 영역이라고 생각하는 경향이 있다. 이것은 잘못된 생각이다. 거대 플랫폼은 오프라인에도 쉽고 자연스럽게 침투한다. 2019년 11월 미국에 거주하고 있었을 때다. 어느 날 우편을 통해 아마존 카탈로그가 집으로 배송되었다. 추수감사절과 크리스마스 등 연말 쇼핑 시즌을 겨냥해서 어린 자녀를 둔 가정을 대상으로 아마존이 장난감 카탈로그를 보낸 것이다. 이 카탈로그에는 제품 가격이 표시되어 있지 않았고, 아이가 부모와 함께 작성할 수 있는 스토리 카드가 들어 있었다. 카드 앞면에는 자신은 누구이며, 친구는 누구고, 무엇을 하며 놀 때 가장 좋은지 등의 질문이 적혀 있었고, 뒷면에는 크리스마스에 받고 싶은 선물을 적을 수 있는 칸이 있었다. 아마 이 카탈로그를 받은 가정에서는 부모와 아이가 함께 카드를 작성하면서 즐거운 시간을 보냈을 것이다. 아이는 자연스럽게 부모에

크리스마스 시즌에 아이가 있는 집에 아마존이 보낸 카탈로그다. 이 카탈로그는 제품 가격 표시 없이 장난감과 관련된 이야기들이 가득하다. 부모와 아이가 함께 작성할 수 있는 카드도 담겨 있는데, 아마존은 이런 방법을 통해 오프라인에 있는 사람들의 일상에 자연스럽게 침투하고 있다.

게 갖고 싶은 장난감이 무엇인지 말하게 되고, 아이에게 어떤 선물을 해야 할지 고민하던 부모는 아이가 원하는 제품을 카탈로그에서 찾아 스마트폰을 가져다 데기만 하면 된다. 아마존 앱이 제품 사진을 인식해 알아서 제품 구매 페이지로 안내하기 때문이다. 아마존의 카탈로그는 거대 플랫폼이 얼마나 쉽게 그리고 효과적으로 오프라인에 있는 사람들의 일상 속에 침투하는지를 잘 보여준다.

플랫폼은 직접 오프라인에 진출하기도 한다. 물론 온라인 플랫폼이 오프라인 매장을 열더라도 판매하는 제품이 기존 대형마트에서 판매하는 제품과 차이가 없다면 온라인 플랫폼의 오프라인 매장은 경쟁력을 가지기 어렵다. 게다가 배송 기간이 획기적으로 단축되었기 때문에 온라인 플랫폼 입장에서는 굳이 큰 비용을 들여서 오프라인 매장을 운영할 필요가 없다. 그런데 온라인 플랫폼이 자체 브랜드를 가진 경우에는 이야기가 다르다. 플랫폼의 자체 브랜드는 다른 오프라인 매장에서는 볼 수 없는 제품들이라 PB 제품 위주로 구성된 오프라인 매장은 기존 매장들과 차별성을 가진다. 최근 오프라인에 매장을 낸 플랫폼들은 온라인으로 주문한 제품을 매장에서 픽업할 수 있는 서비스와 온라인 주문 제품의 반품과 환불 서비스까지 제공하고 있어 소비자들에게 충분히 매력적으로 다가가고 있다. 이런 매장은 오프라인 매장을 주로 이용하던 소비자를 온라인 플랫폼으로 끌어들이는 게이트웨이와 같은 역할까지 할 수 있다. 무신사의 경우 2021년 5월 무신사의 PB 제품인 무신사 스탠다드 의류만을 판매하는 무신사 스탠다드 매장을 홍대에 오픈했다. 앞으로 쿠팡, 마켓컬리 등 다른 플랫폼들의 오프라인 매장들도 곧 보게 될지 모른다.

이처럼 거대 플랫폼은 다양한 방법으로 오프라인 영역에 침투할 수 있다. 오프라인 매장을 중심으로 운영하는 기존 사업자들은 온라인과 오프라인을 구분해서 생각하고, 오프라인은 자신들의 영역으로 생각하기 쉽지만, 거대 플랫폼에게 온라인과 오프라인의 구분은 무의미하다. 이들은 자신들에게 도움이 된다면 언제든지 오프라인에 침투해서 오프라인 영역의 소비자들까지 자신들의 플랫폼으로 유입시킬 것이다.

거대 플랫폼의 영향력은
어디까지인가

지금까지 거대 플랫폼의 힘에 대해 살펴봤다. 거대화한 플랫폼은 제품의 판매 가격을 붕괴하고, 판매자 간 노출 경쟁을 유도한다. 소비자의 의사결정 과정 전체를 점유함으로써 다른 사업자의 마케팅 기회를 없애고, 시장 흐름과 소비자 데이터를 독점해 이를 기반으로 다양한 영역으로 사업을 확장해나간다. 게다가 알고리즘이라는 방패를 내세워 모든 책임에서 벗어날 수도 있다. 그래서 모든 플랫폼은 거대화를 꿈꾸며, 거대화 가능성이 있는 플랫폼은 적자 상태에서도 거액의 투자를 받는다.

쿠팡의 감사보고서를 보면 2014년부터 2019년까지 쿠팡의 누적 적자는 무려 3조 7,210억 원이었다. 그런데 쿠팡의 최대 투자처인 소프트뱅크는 2018년에 20억 달러(약 2조 2천억 원)를 추가로 투자했다. 당시 세속 적자를 내는 쿠팡에 왜 이렇게 큰 투자를 하는지 의문스럽게 생각하는 사람들이 많았지만, 거대 플랫폼의 힘을 이해한다면 현명한 투자라고 볼 수 있다. 소프트뱅크의 투자는 쿠팡의 거대화 가능성을 키우고 그 시기를 앞당기기 위한 투자였다. 실제로 아마존도 1997년부터 2002년까지 줄곧 적자를 기록했고, 흑자 전환 이후에도 매우 적은 이익을 내거나 다시 적자로 돌아서기도 했다. 하지만 2015년을 기점으로 아마존의 기업 가치는 월마트를 넘어섰고, 이익은 엄청나게 증가하기 시작했다.

플랫폼이 거대화를 이루기 위해서는 소비자와 판매자를 플랫폼으로 끌어들여야 한다. 그래서 플랫폼은 소비자에게는 다양한 프로모션을, 판매자에게는 인센티브를 제공하는 등 여러 방법을 동원해 몸집을 키운다. 물류와 배송, 알고리즘 투자를 통해 충성 고객을 만들고 소비자를 자신들의 플랫폼에 록-인한다. 거대화에 성공한 플랫폼은 제품의 시장 가격을 파괴해 기존 유통업체들을 무너뜨리고, 판매자들의 노출 경쟁을 유도해서 이익을 낸다. 이때 거대 플랫폼이 미치는 영향은 제조사, 유통업체, 중소 판매자에 따라 다 다른데, 여기에서는 플랫폼이 이들 각자에게 어떤 영향을 미치는지 살펴보자.

추락하는 브랜드 가치

앞서 설명한 것처럼 거대 플랫폼은 제품의 판매 가격을 크게 낮춘다.

판매 가격이 하락하면 제조사는 제품의 생산 원가를 낮출 수밖에 없다. 제조사가 생산 과정에서의 혁신을 통해 비용을 절감할 수 있다면 이상적이겠지만, 대부분의 소비재 제품에서 이는 현실적으로 어려운 일이다. 그래서 많은 제조사가 낮은 원가의 원재료를 사용하거나 양을 줄이는 선택을 하게 된다. 배달 앱 시장이 커지면서 음식량이 줄거나 음식의 질이 낮아지는 것이 이런 이유다. 결국 제조 원가 절감은 제품 품질의 하락을 가져오고, 제품 하자의 위험을 높이며, 혁신적인 제품에 대한 개발을 어렵게 만들어 브랜드 가치 하락으로 이어진다. 어렵게 쌓아 올린 브랜드 가치가 한순간에 무너질 수도 있는 것이다.

만일 유명 브랜드가 플랫폼에 입점하면 플랫폼 인지도에 좋은 영향을 미치기 때문에 플랫폼이 제조사의 브랜드 가치 하락을 막으려 할 것이라고 생각한다면 플랫폼의 본질을 제대로 이해하지 못한 것이다. 제조사의 브랜드 가치가 낮아지면 브랜드 자체 채널의 자립성이 낮아지므로 이는 플랫폼에 좋은 일이다. 게다가 제조사의 브랜드 가치가 하락하면 플랫폼의 자체 브랜드인 PB 제품의 경쟁력은 높아진다. 또한 유명 제조사의 브랜드 가치 하락은 수많은 저가 신생 브랜드들을 플랫폼으로 유입시키는 효과가 있어 플랫폼이 취급하는 브랜드의 다양성이 증가하게 되고, 플랫폼은 이들을 경쟁시킴으로써 광고 수익을 올릴 수 있다.

제조사의 하청 생산도 제조사의 브랜드 가치를 하락시키는 주요 원인이다. 최근 많은 대형 제조사가 플랫폼의 PB 제품을 하청 생산하고 있다. 이는 당장의 제조사 매출 증가에는 도움을 주겠지만 장기적으로는 브랜드 가치를 해치는 위험한 일이다. 여기에는 크게 두 가지 위험이 존재한다.

첫째, 플랫폼 PB 제품의 경쟁력을 강화해준다. PB 제품의 주요 특징은 적당한 품질과 낮은 가격이다. 품질은 유명 브랜드 제품과 비교해 크게 떨어지지 않는 수준이면 충분하다. 대신 가격은 저렴해야 한다. 따라서 좋은 생산 기술을 가진 유명 브랜드 제조사가 플랫폼의 PB 제품을 만들면 적당한 품질에 저렴한 가격이라는 요건을 충족해 이를 사려는 소비자는 늘어나게 되고, 같은 제조사에 가격만 더 비싼 브랜드 제품을 사려는 소비자는 줄어들게 된다.

둘째, 제조사의 브랜드 가치를 하락시킨다. 미국은 PB 제품 포장에 제조사 이름을 표기하지 않아도 된다. 그래서 대형 제조사가 PB 제품을 생산해도 자사 브랜드 이미지에 미치는 영향이 작다. 미국의 많은 대형 제조사가 코스트코의 PB 제품인 커클랜드 시그니처를 하청 생산하는 이유도 소비자들은 생산자가 누구인지 모르기 때문이다. 반면 한국에서는 PB 제품에 제조사를 꼭 표기해야 한다. 이는 플랫폼의 PB 제품이지만 사실상 제조사의 브랜드 이름을 달고 판매하는 것이나 다름없다. 그래서 PB 제품에 불만족한 소비자들이 생기면 그 책임은 플랫폼이 아니라 PB 제품을 생산한 생산자에게 돌아갈 수도 있다. 그렇다고 좋은 품질의 PB 제품을 만들어서 소비자를 만족시키는 것도 문제다. 소비자들이 제조사가 어디인지 쉽게 알 수 있어서 플랫폼의 PB 제품보다 비싼 제조사의 브랜드 제품을 살 필요성을 느끼지 못하기 때문이다.

이처럼 유명 브랜드 제조사가 플랫폼의 PB 제품을 하청 생산하는 것은 자신의 등에 칼을 꽂는 일이다. PB 제품의 품질적 완성도가 낮으면 브랜드 가치를 떨어뜨리게 되고, PB 제품이 잘 되면 브랜드 매출에 타격을 준다. 성공해도 해가 되고, 실패해도 해가 되는 것이 플랫폼 PB 제품의 하청 생산이다. 그럼에도 현재 많은 대형 제조사가 당장의 매출을 위해 플랫폼 PB 제품을 생산하고 있다. 이러한 선택의 결과는 시간이 지나면서 점점 더 분명하게 나타날 것이고, 그때는 이미 회복하기에는 불가능한 상태일 것이다.

브랜드가 네이버쇼핑에 브랜드스토어를 구축하는 것도 이상적인 선택은 아니다. 플랫폼 안에 브랜드스토어를 열면 초기에는 플랫폼에서 많은 노출을 해주므로 브랜드스토어가 효과적인 선택이라고 생각한다. 하지만 플랫폼에서 노출을 중지하는 순간 브랜드스토어를 찾는 소비자는 급격히 줄어들게 되고, 광고비 지출 등 노출 경쟁을 하지 않으면 아무도 찾지 않는 브랜드스토어가 되어 브랜드 창고로 전락하게 된다. 오프라인 매장 운영 비용이나 자체 채널 구축 비용 등을 생각해 플랫폼에 기꺼이 광고비를 지출할 수도 있다. 그러나 브랜드스토어의 더 큰 문제는 채널 종속이다. 거대 플랫폼에 브랜드스토어를 만들고 브랜드의 모든 제품이 플랫폼에서 검색되고 구매하게 하면 브랜드의 자체 채널을 이용하려는 소비자는 더욱 감소하게 된다. 그렇게 되면 브랜드가 자체 채널을 활성화하기가 한층 더 어려워진다.

브랜드의 자체 채널 운영은 충성 고객 확보를 위해서 꼭 필요한 전략이다. 충성 고객은 브랜드 제품을 지속적으로 구매하고 브랜드에 대한 좋은 입소문을 만들어낸다. 이런 고객을 얻기 위해서는 브랜드가 자체 채널을 통해 차별화된 경험과 콘텐츠를 제공하고 그들과 지속적으로 소통하며, 그들에게 다양한 방법으로 고마움을 표현해야 한다. 브랜드 채널은 고객에 대한 귀중한 데이터를 얻게 해주는 중요한 역할도 하는데, 거대 플랫폼 안에 브랜드 채널을 만들면 이런 역할을 할 수 없다. 플랫폼의 검색창을 통해 브랜드스토어에 들어오고, 플랫폼이 제공하는 결제 방법과 배송 서비스를 이용해서 제품을 사는 경험은 브랜드가 아닌 플랫폼의 충성 고객을 만들 뿐이다.

파괴적인 최저가 경쟁

쿠팡이나 마켓컬리와 같은 쇼핑 플랫폼이 성장함에 따라 오프라인 유통업체들의 타격은 점점 더 커지고 있다. 오프라인 유통업체들이 플랫폼과의 경쟁에서 밀리는 이유는 다양하다. 온라인 플랫폼보다 제품의 다양성도 적고, 빠른 배송도 제공해주지 않는다. 가장 큰 문제는 가격 차이다. 온라인 플랫폼은 판매자 간의 경쟁을 유도해 가격을 낮추지만, 오프라인 유통업체는 매장 운영 비용 때문에 일정 수준 이하로 가격을 낮추는 것이 현실적으로 불가능하다. 그렇다 보니 일시적으로 특정 제품의 가격을 낮춰 판매하는 이벤트 정도로 대응한다.

그런데 일시적인 가격 변동은 오프라인 매장에는 오히려 좋지 않은 영향을 미친다. 대형마트에서 1만 원짜리 제품을 가끔 5천 원에 할인 판매한다고 생각해보자. 대형마트 입장에서는 플랫폼 가격 수준에 맞춰 판매를 촉진하려는 하나의 비정기적인 프로모션이겠지만, 소비자 입장에서는 그렇지 않다. 지난주에 5천 원에 산 제품이 일주일 뒤에 1만 원인 것을 보면 소비자는 대형마트가 자신을 상대로 돈벌이를 한다는 느낌을 받게 된다. 반대로 1만 원을 주고 산 소비자는 얼마 지나지 않아 5천 원에 판매하고 있는 걸 보면 바보가 된 것 같은 느낌을 받을 것이다. 하지만 플랫폼은 수많은 판매자가 가격 경쟁을 하고 있어서 언제든지 최저가에 제품을 살 수 있다. 소비자들이 오프라인 유통업체에 등을 돌리는 것은 당연한 일이다. 그러므로 매출을 늘리기 위해 실시하는 비정기적 할인은 오히려 유통업체에 해가 될 수 있음을 알아야 한다.

온라인 쇼핑 플랫폼에 고객을 빼앗긴 오프라인 유통업체들은 매장의 방문객이 크게 줄어들자 자사 온라인 채널을 활성화하기 위해 네이버쇼핑의 가격 비교 서비스를 하나의 대안으로 여긴다. 네이버에서 제품을 검색하는 소비자들을 자사 온라인 채널로 유도하기 위함이다. 이마트, 홈플러스, 롯데마트와 같은 대형마트뿐 아니라 백화점 등 여러 오프라인 유통업체들이 현재 이 서비스를 이용하고 있다. 그런데 이는 최선이 아닌 차악을 선택한 것이다. 그 이유는 두 가지가 있다.

첫째, 오프라인 유통업체가 네이버에서 늘 최저 가격을 제시하는 것 자체가 현실적으로 어렵다. 유통업체가 취급하는 대부분의 제품은 수많은 판매자가 존재하기 때문에 언제든지 자신보다 낮은 가격을 제시하는 판매자가 있기 마련이다. 실제로 네이버에서 생활용품이나 식품을 검색했을 때 상위에 노출되는 것은 온라인에서만 판매하는 소규모 판매자나 온라인 플랫폼들이다. 일시적인 가격 할인을 통해 특정 제품을 최저가에 판매할 수는 있지만, 이렇게 판매할 수 있는 제품은 한정적이다. 또한 가격 비교 서비스를 이용하는 대부분의 소비자는 소비할 때 제품 가격을 가장 중요한 기준으로 두기 때문에 한 유통업체를 지속적으로 방문할 가능성이 크지 않다. 최저가를 제시해서 방문 트래픽을 늘리더라도 소비자가 별도로 회원가입을 해야 하는 경우에는 아예 구매를 포기할 가능성도 있다.

둘째, 네이버쇼핑의 가격 비교를 미끼로 활용하려는 방법 자체가 현실적이지 않다. 오프라인 유통업체들은 매장에 낮은 가격의 미끼 상품을 구비하는 방법으로 방문객 수를 늘리고, 다른 제품의 판매를 유도하곤 했다. 미끼 상품은 오프라인 매장의 역사만큼 오래된 마케팅 전략 중 하나다. 이런 미끼 상품이 효과가 있는 이유는 방문한 매장에서 필요한 다른 제품들까지 구매하기 때문이다. A매장에 미끼 상품을 사러 온 소비자가 다른 제품을 사기 위해 B매장을 방문하는 비용이 오히려 더 크기 때문에 가격이 비싸도 한 매장에서 여러 제품을 함께 사는 것이다. 하지만 온라인 공간에서는 매장을 이동할 때 발생하는 비용이 거의 없다. 그래서 미끼 상품의 효과가 발생하지 않는다. 하나의 제품만 최저가로 판매하는 방법으로 소비자를 끌어들이는 전략을 편다면 소비자들은 오히려 등을 돌리게 될 것이다.

따라서 네이버쇼핑의 가격 비교 서비스는 자사 온라인 채널의 방문객 트래픽은 일시적으로 늘릴 수는 있어도 다른 제품의 구매를 유도하거나 이렇게 유입된 고객을 충성 고객으로 전환하기는 어렵다. 반대로 네이버 입장에서는 오프라인 유통업체가 자사 시스템 안으로 많이 들어오는 게 좋다. 네이버쇼핑의 가격 비교 서비스에 유입된 유통업체가 많을수록 네이버에서 검색되는 제품의 판매 가격은 하락하고, 네이버의 시장 지배력은 커지기 때문이다. 네이버에 들어가는 유통업체들은 사실상 네이버의 힘만 키워주고 자신들의 힘은 스스로 약화시키는 자기 파괴적인 일을 하고 있는 것이다.

절대 1등 판매자를 키워주지 않는 구조

플랫폼은 자체 채널을 구축하거나 대형마트에 입점하기 어려운 중소 규모 판매자들에게 고객을 직접 찾을 수 있는 기회를 제공한다. 그래서 많은 중소 판매자가 플랫폼에 희망을 건다. 플랫폼도 많은 중소 판매자를 자신의 플랫폼에 입점시키기 위해 이들의 성공 사례를 부각하는 등 다양한 방법으로 홍보한다. 표면적으로만 보면 플랫폼이 중소 판매자들에게 판매의 기회를 제공해주는 것은 맞다. 하지만 플랫폼에 입점했다고 해서 모든 판매자가 성공하는 건 아니다. 플랫폼을 이용하는 소비자가 아무리 많더라도 자신과 동일하거나 유사한 제품을 판매하는 판매자도 수없이 많기 때문이다. 게다가 아무리 독특한 제품을 찾아내서 판매해도 비슷한 제품을 판매하는 판매자들이 금방 생겨난다. 대체 왜 그럴까?

첫 번째 이유는 온라인이라는 공간의 특수성과 관련된다. 오프라인 공간에서는 제품 정보가 확산하는 속도가 느리다. 그래서 유사한 모방품이 등장하는 데 시간이 소요된다. 가령, 새로운 방식으로 디저트를 만드는 가게가 사람들에게 인기를 얻어도, 이곳에서 판매하는 디저트에 대한 정보가 다른 지역의 판매자들에게 도달하는 데에는 어느 정도 시간이 걸린다. SNS가 없던 시절에는 서로 다른 지역에서 판매하는 제품에 대해 전혀 모르는 경우가 다반사였다. 하지만 온라인 플랫폼에서는 판매자들이 현재 어떤 제품이 인기가 있는지 쉽게 파악할 수 있다. 특히 많은 판매자가 모여 있는 거대 플랫폼에서는 판매자들 사이에 인기 있는 제품에 대한 정보가 빠르게 공유된다. 또한 생산 기술의 발달로 인해 유사 제품을 만들거나 공급받는 게 쉬워져서 플랫폼의 인기 제품은 순식간에 많은 판매자를 만들어낸다.

둘째, 플랫폼에서는 누구나 쉽게 판매자가 될 수 있다. 플랫폼은 등록만 하면 판매자가 될 수 있는 시스템이다. 오프라인을 중심으로 판매가 이뤄졌던 시절에는 인기 제품을 공급받을 수 있어도 바로 판매를 시작할 수 없었다. 일단 매장이 있어야 하기 때문이다. 하지만 플랫폼 시대에는 판매자 장벽이 없어 누구든지 인기 제품을 공급받아서 판매하는 것이 가능하다. 그래서 판매자들이 빠르게 늘어난다.

마지막으로 플랫폼은 개별 판매자의 힘이 강해지는 것을 원하지 않는다. 판매자는 충성 고객을 만드는 것이 가장 중요하다. 하지만 플랫폼에서 판매자가 충성 고객을 가지기는 어렵다. 판매량이 많고 평판이 좋은 판매자는 플랫폼을 나갈 위험이 있어 플랫폼은 개별 판매자의 경쟁력을 약화시키고 이들이 오직 가격으로만 경쟁하도록 만든다. 이런 역할을 하는 것이 앞서 설명한 카탈로그다. 카탈로그는 개별 제품에 대해 하나의 제품 페이지를 만드는 것을 말하지만 이는 제품 리뷰도 하나의 페이지로 통합한다는 것을 의미한다. 아무리 많은 제품 리뷰를 모아도 최저가를 제시한 판매자가 나타나면 지금까지 수많은 판매자가 힘들게 모은 제품 리뷰를 최저가 판매자가 자신의 제품 리뷰인 것처럼 할 수 있다. 좋은 고객 응대를 통해 제품에 대한 긍정적인 리뷰를 많이 얻어도 제품 페이지를 차지하지 못하면 소용없는 것이다. 반대로 새로운 판매자 입장에서는 낮은 가격만 제시하면 지금까지 쌓인 제품 리뷰를 모두 가질 수 있다. 그래서 플랫폼에 끊임없이 새로운 판매자가 유입되는 것이다.

그렇다면 플랫폼의 카탈로그에서 벗어나면 이런 문제가 해결될 수 있을까? 실제로 플랫폼 판매자 모임에서는 카탈로그에서 벗어날 수 있는 여러 방법을 공유한다. 제품 사진을 바꾸고, 제품 이름을 다르게 표시하거나 제품의 구성을 바꿔서 플랫폼이 자신을 다른 판매자와 묶는 것을 피한다. 네이버는 판매자들에게 카탈로그에서 벗어날 수 있는 선택권을 주기도 한다. 하지만 카탈로그에서 벗어나는 순간 판매자들은 검색 순위에서 밀려나 플랫폼에서 사라지게 된다. 소비자가 플랫폼의 검색창에 제품과 관련된 단어(예를 들어 남성 러닝화)를 검색하면 플랫폼은 '관련성' 기준으로 다양한 제품을 소비자에게 보여준다. 그런데 이 관련성 기준에는 특정 제품의 판매량이나 검색량 등이 반영되어 카탈로그화된 제품들이 상위에 노출되므로 카탈로그에서 벗어난 제품은 검색 결과 뒤편으로 밀려난다. 실제로 네이버가 카탈로그 시스템을 도입한 이후에 갑자기 검색 순위가 크게 하락한 판매자들이 많았다. 결국 모든 판매자는 카탈로그 시스템 안에서 가격 경쟁을 할 수밖에 없다.

플랫폼에 이용당하는 중소업체들

플랫폼이 중소 판매자에게 미치는 영향은 이것이 다가 아니다. 플랫폼은 오픈마켓의 인기 제품을 플랫폼의 PB 제품으로 만들어서 출시할 수도 있다. 플랫폼은 오픈마켓에서 인기 있는 제품의 유형을 누구보다 빠르고 쉽게 파악할 수 있어서 이와 유사한 제품을 품질은 더 좋고 가격은 더 저렴하게 만들어낸다. 실제로 아마존이 이런 일을 하고 있다고 알려져 있다. 아마존이 2017년과 2018년 2년 동안 선보인 자체 브랜드가 100개에 달하는 데 이 중 상당수가 오픈마켓의 인기 제품을 겨냥한 제품들이었다. 아마존은 여전히 오픈마켓 판매자들의 데이터를 이용해서 자신들의 자체 브랜드 제품을 만들고 있다는 의심을 받고 있으며 이와 관련해서 유럽과 미국에서 조사가 진행되고 있기도 하다.

2020년 10월에 공개된 미 하원의 반독점 조사위원회 보고서에는 실제로 이런 일을 당한 사업자들의 사례들을 소개하고 있다. 아마존의 오픈마켓을 이용하는 한 사업자는 독특한 디자인을 가진 게임 테이블을 개발해서 판매하고 있었는데 언제부터인가 아마존이 자신이 만든 게임 테이블을 카피한 제품을 만들어서 더 저렴하게 판매하기 시작했다고 한다. 이 사업자는 17년 동안 아마존의 오픈마켓을 통해 제품을 판매해왔는데 이런 일이 여러 차례 발생했고 결국 지금은 다른 일을 하고 있다고 했다. 심지어 아마존은 오픈마켓 판매자들에게 제품이 진품인지 증명하는 서류를 요구해서 이 서류에 나와 있는 정보를 이용하기도 한다. 아마존이 요구하는 서류에는 제품을 어디에서 얼마에 공급받는지 등 사업 관련 정보가 포함되는데, 이 자료를 보고 자신들이 직접 공급처에 연락해서 동일 제품을 더 저렴하게 공급받는 것이다. 실제로 아마존의 오픈마켓에서 제품을 팔던 사업자들 중에는 어느 날 갑자기 아마존이 자신이 판매하는 제품과 동일한 제품을 직접 그리고 더 저렴하게 판매하기 시작해서 하루아침에 매출이 0원이 된 사업자들이 많다 .

플랫폼은 이런 식으로 출시한 자체 브랜드 제품을 검색 화면에서 가장 잘 보이는 곳에 노출할 수도 있다. 자체 브랜드 제품이 아니더라도 플랫폼과 협력 관계에 있는 판매자들의 제품을 광고하거나 검색 결과에서 높은 순위를 가지도록 만드는 것이다. 이런 일이 발생할 때 중소 판매자들은 한없이 무기력한 존재가 된다. 하루아침에 제품 매출이 크게 하락하는 일이 발생할 수도 있고, 어느 날 갑자기 검색 순위가 크게 낮아질 수도 있다. 많은 광고비를 부담할 수 있는 판매자라면 이런 상황에 대처할 수 있겠지만 그렇지 않은 판매자들은 자신에게 발생하는 피해를 고스란히 받아들이는 것 외에는 별다른 방법이 없다.

마케팅 비용을 떠넘기는 플랫폼

심지어 플랫폼의 마케팅 비용을 떠맡기기도 한다. 플랫폼끼리 서로 경쟁하는 데 있어서 중요한 것은 제품 리뷰다. 소비자들은 제품 정보를 얻을 때 다른 소비자의 리뷰를 중요하게 생각한다. 당연히 제품에 대한 좋은 리뷰가 많은 플랫폼일수록 소비자의 선호도가 높다. 그래서 플랫폼은 소비자가 제품 리뷰를 남기도록 금전적 혜택을 제공한다. 즉, 플랫폼에 제품 리뷰가 많이 발생하도록 마케팅하는 것이다. 그런데 문제는 이 마케팅 비용을 판매자들에게 떠넘긴다는 것이다. 네이버의 스마트스토어를 예로 들어보자. 스마트스토어에서는 리뷰를 작성하는 고객에게 1천 원에 해당하는 리뷰 포인트를 제공하는 이벤트를 진행하고는 한다. 그런데 네이버는 이 비용을 판매자에게 부담시킨다. 게다가 이런 이벤트는 가격이 1만 원인 제품을 판매하고 1천 원의 리뷰 포인트를 제공하면 매출이 1만 1천 원으로 잡혀 판매자의 세금 부담도 늘어나게 된다.

리뷰 이벤트는 판매자가 선택하는 것이고, 리뷰가 많으면 판매자의 매출 증가에 도움이 되므로 리뷰에 대한 비용을 판매자가 부담하는 것이 맞을까? 그렇지 않다. 앞서 설명했듯 플랫폼에 작성된 제품 리뷰는 제품 단위로 모두 통합된다. 판매자 구분 없이 동일 제품에 대한 리뷰는 모두 한 페이지에 통합되어 제품 정보의 일부로 소비자에게 보인다. 가령, 소비자가 어떤 제품을 네이버에서 검색하면 제품 사진 아래에 많은 제품 리뷰가 나오는데, 이 리뷰는 한 판매자가 아니라 동일 제품을 판매한 모든 판매자가 얻어낸 리뷰를 합친 것이다. 판매자로서는 고객 대응을 열심히 하고 1천 원까지 부담해서 고객으로부터 제품에 대한 좋은 리뷰를 많이 받아도 이 리뷰는 플랫폼에서 제공하는 제품 정보의 일부가 될 뿐이다. 검색 순위가 밀려 판매자가 검색 화면에서 사라져도 판매자가 비용을 부담하고 얻어낸 제품 리뷰는 그대로 남아있게 된다. 즉, 판매자는 자신이 얻어낸 제품 리뷰에 대한 소유권을 가지지 못하는 것이다. 이와 반대로 플랫폼은 리뷰가 많을수록 플랫폼 이용자가 늘어나기 때문에 개별 판매자들이 많은 노력을 기울여 얻어낸 제품 리뷰를 아무런 비용 없이 플랫폼의 이익을 위해 이용하는 셈이다. 그러므로 리뷰 이벤트에 대한 비용을 판매자에게 전가하는 것은 옳지 않다.

많은 사람들이 플랫폼에서 성공을 꿈꾼다. 플랫폼은 중소 판매자들의 성공 신화를 만들어서 크게 홍보한다. 자료를 만들어 배포하기도 하고 TV 광고를 하기도 한다. 이런 성공 신화에 이끌려 사람들은 자신도 플랫폼에서 크게 성공할 수 있을 것이라는 희망을 품는다. 물론 플랫폼에서 성공한 판매자들은 존재한다. 하지만 많은 판매자가 플랫폼에서 사업을 시작한 후 자신과 동일하거나 유사한 제품을 판매하는 판매자들이 너무 많으며 그 수가 끊임없이 증가한다는 것에 놀란다. 가격 경쟁과 노출 경쟁에 내몰리는 현실을 깨닫게 되고, 플랫폼이 자신이 판매하는 제품과 유사한 제품을 내놓거나 직매입 방식으로 자신이 판매하는 제품과 동일한 제품을 판매하는 일도 겪게 된다. 이것이 플랫폼 판매자의 현실이다.

플랫폼에 종속될 것인가, 대항할 것인가

플랫폼은 사업자를 자신의 플랫폼으로 끌어들이기 위해 그들에게 많은 혜택을 제공한다. 수수료를 면제해주고, 무료 광고를 해주기도 하고, 플랫폼 안에 브랜드스토어를 만들어주기도 한다. 하지만 이런 혜택은 플랫폼의 이익 극대화를 위한 미끼일 뿐, 플랫폼의 본질은 사업자 간의 경쟁을 유도해서 돈을 버는 것이다. 거대 플랫폼에 종속된 사업자들은 플랫폼 안에서 더 낮은 가격을 제시하기 위해 출혈 경쟁을 하고 더 많은 광고료를 부담해야 한다. 그렇다고 해서 플랫폼 밖으로 나갈 수도 없다. 카탈로그 시스템과 같은 플랫폼 장치들이 이미 사업자들의 자립성을 약화시켜서 플랫폼을 나가는 순간 새로운 고객을 찾는 것이 어려워진다. 때로는 플랫폼이 직접 만든 자체 브랜드 제품이나 플랫폼과 이해관계에 있는 판매자의 제품이 출시되어 자신의 제품이 노출되지 않는 불공정한 상황에 처할 수도 있다.

이것이 내가 바라보는 플랫폼의 실체다. 그런데 제조사나 유통업체 관계자들을 만나보면 자신들이 거대 플랫폼과 협력 관계에 있다고 생각하는 경우가 많다. 영업 담당자 입장에서는 플랫폼이 협력자로 보일 수 있다. 오프라인 매장과 자체 온라인 채널의 매출이 하락하는 가운데 플랫폼 채널에서는 많은 매출을 올릴 수 있기 때문이다. 그래서인지 플랫폼 가격 비교 서비스를 통해 자사 채널로 들어오는 소비자에게 더 낮은 가격에 제품을 판매하기도 한다. 가끔 보면 롯데온 홈페이지 직접 들어가서 제품을 사는 것보다 네이버쇼핑을 통해 롯데온에 들어갈 때 동일 제품의 가격이 더 낮은 경우가 있다. 하지만 플랫폼을 협력자로 보는 것은 근시안적인 판단이다. 당장은 플랫폼을 통해 매출을 올릴 수 있어도, 결국에는 제품 가격을 떨어뜨리고 브랜드 자체 채널을 붕괴하며, 궁극적으로는 브랜드 가치를 하락시킨다. 플랫폼의 작동 원리를 제대로 이해한다면 거대 플랫폼과 협력하는 것이 애초에 불가능한 일이라는 것을 깨닫게 될 것이다. 이는 그저 동화 속 이야기처럼 환상에 가까운 일이다.

정부가 거대 플랫폼의 위협으로부터 브랜드를 지켜줄 것이라는 기대도 현실적이지 않다. 2020년 12월 28일 공정거래위원회는 독일의 딜리버리히어로가 요기요 지분을 전부 매각하는 조건으로 배달의민족에 대한 기업 결합을 승인했다. 이미 요기요를 보유한 딜리버리히어로가 배달의민족까지 가지게 되면 시장 점유율 96.9%의 독점 기업이 되기 때문에 내린 결정이었다. 이를 보면서 어떤 사람들은 정부가 거대 플랫폼의 위협으로부터 자신을 지켜주기를 바랄지도 모른다. 하지만 배달의민족과 요기요처럼 두 거대 플랫폼의 합병은 흔한 일이 아니며 이런 일이 발생할 때는 공정거래법에 근거해서 제재가 가능하다. 진짜 문제는 거대 플랫폼의 사업 영역 확장에 대한 규제 근거가 없다는 것이다. 대기업의 무분별한 시장 진출을 제한하는 법이 있기는 하지만 법의 적용 대상은 생계형 업종이나 중소기업의 사업 영역에 한정된다. 거대 플랫폼의 새로운 사업들은 이런 업종에 해당하지 않거나 이전에 존재하지 않았던 새로운 사업이 대부분이라 법의 제재를 받지 않고 있다. 앞으로 플랫폼의 사업 확장을 막는 법안이 생길 수도 있겠지만 그때는 이미 손 쓸 수 없을 정도로 플랫폼이 거대화된 후일 것이다.

플랫폼의 알고리즘 변경도 규제하지 못할 가능성이 크다. 앞서 설명한 것처럼 알고리즘 조작을 통해 이익을 편취했다는 것을 입증하기는 어렵다. 플랫폼들이 판매자 데이터를 이용하는 문제도 마찬가지다. 미국과 유럽에서는 아마존이 오픈마켓 판매자의 데이터를 이용하는 것을 부당 경쟁 행위로 간주하고 여러 소송을 진행하고 있긴 하지만 이를 입증하기는 쉽지 않을 것이다. 한국에서는 아직 이런 문제에 대한 논의 자체가 거의 이뤄지지 않고 있다. 그나마 제재가 가능한 것은 플랫폼의 광고 시스템인데, 아직 관련 법안도 없다. 플랫폼의 진화는 눈부시게 빠르지만 이를 제재할 수 있는 법적인 규제는 한없이 느린 게 현실이다.

이런 상황에서 플랫폼에 종속될 것인지 아니면 저항할 것인지는 브랜드의 선택이다. 무엇이 옳다고 말할 수는 없다. 만일 플랫폼에 저항하는 길을 택하고자 한다면 대안을 찾아야 한다. 플랫폼의 거대화에 대항해 브랜드가 알아야 할 것들은 무엇인지 4장에서 자세히 살펴보자.

CHAPTER 4

·

플랫폼 제국에서
살아남기 위해
브랜드가
꼭 알아야 할 것들

대체 불가능한
브랜드만 살아남는다

거대 플랫폼의 지배에서 벗어나기 위해서는 어떻게 해야 할까? 답은 간단하다. 사업자의 자체 채널에 대한 소비자의 직접 유입률을 높이면 된다. 소비자가 플랫폼을 거치지 않고 사업자의 온라인과 오프라인 채널을 직접 방문하게 하면 가격 붕괴를 막을 수 있고, 고객 데이터를 확보할 수 있으며, 이를 기반으로 브랜드를 관리할 수 있다. 하지만 대부분의 사업자는 자체 채널을 활성화하는 데 실패한다. 온라인 채널의 사용자 경험을 개선하기 위해 디자이너와 개발자를 영입하고, 프로모션을 통해 신규 가입자를 모집하지만, 생각만큼 잘되지 않는다. 오프라인 매장 인테리어를 새롭게 바꾸고 다양한 체험 요소를 도입하는 등 여러 노력을 기울이지만 매장을 방문하는 소비자는 점점 더 줄어들 뿐이다. 그렇다 보니 매출은 계속 하락하고, 결국에는 스스로 플랫폼에 종속되는 선택을 하게 된다. 왜 플랫폼은 계속 성장하는데, 자신의 채널은 그렇지 못할까?

제조사, 유통업체, 중소 사업자들이 자체 채널을 활성화하지 못하는 이유는 간단하다. 자신이 다른 누군가에 의해 쉽게 대체될 수 있는 존재이기 때문이다. 아무리 유명한 브랜드라도 플랫폼 안에 이를 대체할 만한 다른 브랜드가 존재한다면 플랫폼 밖에서 자생력을 가지기 어렵다. 그래서 브랜드의 대체 가능성이 중요하다. 쉽게 대체되지 않는 브랜드는 소비자의 관심을 플랫폼 밖으로 끌어낼 수 있다. 브랜드가 플랫폼 안에 있어도 언제든지 플랫폼 밖으로 나올 수 있다. 대체 불가능한 브랜드라면 소비자들이 브랜드를 따라 플랫폼 밖으로 나올 것이다.

나이키, 아마존과의 결별을 선언하다

나이키는 2017년부터 아마존과 협력 관계를 유지해왔다. 나이키 제품은 'sold by Amazon(아마존이 직접 판매하는)'이라는 라벨을 붙이고 아마존에서 판매되었다. 그런데 아마존에서 나이키의 매출이 늘어날수록 나이키 자체 채널의 경쟁력은 약화한다. 나이키닷컴이나 오프라인 매장을 이용하는 대신 빠른 배송과 더 많은 혜택을 제공하는 아마존에서 제품을 사는 소비자들이 더 많아지기 때문이다. 게다가 아마존 오픈마켓에 있는 수만 명에 달하는 리셀러들도 문제다. 당시 이들이 판매하는 나이키 제품은 정품이 아닌 것이 많았고, 가격도 제각각이었으며, 판매자에 따라 배송 기간이나 고객 대응도 천차만별이었다. 이런 리셀러들이 많아지면서 나이키 브랜드 가치에 좋지 않은 영향을 끼치자 나이키는 2019년 11월 아마존과의 협력을 중단한다고 발표했다.

브랜드가 아마존과 같은 거대 플랫폼에 제품 공급을 중단하면 온라인 매출에 큰 타격을 받을 가능성이 크다. 그런데 2020년 9월, 나이키가 발표한 보고서에 따르면 아마존을 나간 이후 오히려 나이키의 온라인 채널에서의 판매량이 전년 대비 82%나 증가했다.[1] 나이키가 아마존을 나갔을 때 소비자들은 나이키를 다른 브랜드로 대체하지 않고, 나이키닷컴이나 나이키 협력사(풋락커나 딕스 등)의 온라인 채널로 이동해 나이키 제품을 구매한 것이다. 나이키는 많은 소비자에게 대체될 수 없는 브랜드로 인식되어 있어서 거대 플랫폼 밖에서도 다른 브랜드로 대체되지 않고 오히려 자체 디지털 채널을 활성화하는 결과를 가져왔다.

나이키의 행보는 플랫폼의 권력화에 어려움을 겪고 있는 브랜드에 좋은 본보기가 되는 사례다. 물론 나이키가 아마존을 떠날 수 있었던 것은 나이키여서다. 나이키는 세계에서 가장 많은 팬을 보유한 브랜드 가운데 하나로 브랜드 자산이 무려 391억 달러(약 45조 원, 2020년 기준)에 달하며 각종 소비자 조사에서도 의류 및 운동화 브랜드 중에 브랜드 충성도가 가장 높은 브랜드로 평가된다. 나이키의 팬들은 아마존에 나이키가 없다고 해서 아디다스나 리복을 사지 않는

나. 나이키닷컴에 회원가입을 하고, 결제 시스템에 일일이 주소와 신용카드 정보를 기입하며, 아마존보다 긴 배송 기간을 기꺼이 참고 기다린다(2020년 초 기준으로 나이키닷컴의 평균 배송 기간은 5일이었다).

그런데 아마존을 떠난 브랜드는 나이키만이 아니다. 이미 2017년에 버켄스탁이 아마존을 떠났고, 2020년 1월에는 이케아가 아마존과의 결별을 선언했다. 많은 팬을 보유하고 있는 반스와 파타고니아는 아예 처음부터 아마존에 제품을 공급하지도 않았다. 이들 브랜드가 거대 플랫폼인 아마존을 떠나거나 아마존에 제품을 공급하지 않을 수 있는 이유는 많은 소비자에게 대체 불가능한 브랜드로 여겨지기 때문이다. 그래서 플랫폼을 나가더라도 매출에 큰 영향을 받지 않고 오히려 브랜드의 자체 채널을 활성화한다. 하지만 대부분의 브랜드는 플랫폼에 자신을 대체할 만한 다른 브랜드가 많아서 섣불리 나가지 못한다. 쉽게 대체될 수 있는 브랜드는 영원히 플랫폼의 족쇄에서 벗어나기 어렵다.

브랜드의 대체 가능성이란 무엇인가

브랜드의 대체 가능성이란 브랜드가 소비자의 의사결정 과정에서 얼마나 쉽게 다른 브랜드로 대체될 수 있는지를 말한다. 마케팅 연구자들은 지난 수십 년간 브랜드 가치를 결정하는 다양한 요인들에 관해 연구해왔다. 제품의 품질과 성능, 브랜드의 인지도와 신뢰도, 브랜드 이미지, 브랜드의 시장 점유율과 매출 규모 등이 많은 연구에서 브랜드 가치를 결정하는 요인으로 제시되었다. 그런데 브랜드의 대체 가능성을 브랜드 가치의 핵심 요인으로 간주하는 연구는 찾아보기 어렵다. 과거 리테일 환경에서는 시장에 공급되는 브랜드 종류가 제한적이었고, 매장에서 판매하는 브랜드들도 대부분 차이가 없었기에 브랜드의 대체 가능성을 고려할 필요성 자체가 없었다. 소비자 입장에서는 대형 매장에서 원하는 브랜드를 찾지 못하는 일이 드물었고, 브랜드 업체도 굳이 특정 대형 매장에 제품을 공급하지 않을 이유가 없었다. 그래서 소비자의 의사결정 과정에서 브랜드의 대체 가능성은 중요한 요인으로 고려할 필요가 없었다.

하지만 거대 플랫폼 시대에는 브랜드의 대체 가능성이 브랜드의 생존력을 가늠할 수 있는 가장 중요한 지표다. 브랜드의 대체 가능성이 작으면 브랜드는 플랫폼에 들어가지 않고도 자체 채널을 활성화할 수 있다. 플랫폼을 통해 판매하더라도 플랫폼에 대한 강한 협상력을 가질 수 있고 가격이 무너지지 않게 플랫폼의 판매 가격을 통제할 수 있다. 브랜드의 대체 가능성이 플랫폼에 대항하는 데 있어서 가장 핵심적인 능력인 것이다. 문제는 브랜드의 대체 가능성이 전례 없이 커졌다는 데 있다. 예전에는 인지도와 신뢰도가 높은 유명 브랜드 제품이 다른 브랜드 제품으로 쉽게 대체되지 않았지만, 이제는 그렇지 않다.

이는 PB 시장의 성장에서 쉽게 확인할 수 있다. 지난 수십 년간 유통업체가 직접 만든 PB의 시장 점유율은 그리 높지 않았다. 유명 브랜드 세품보다 품질과 디지인이 많이 부족했기에 주로 가격에 민감한 저소득층 소비자들이 사는 제품이었다. 그런데 최근 들어 전 세계적으로 PB 매출이 급격히 증가하기 시작했다. 미국에서는 소매 시장에서 판매하는 제품의 약 25%가 PB 제품이고, 유럽에는 PB의 시장 점유율이 40%를 상회하는 나라들이 생겨났다. 한국은 전통적으로 PB 제품의 시장 점유율이 낮은 편이었지만, 최근 들어 빠르게 증가하고 있다. 국내 유통업체들이 2017년 이후로 PB 제품의 매출 자료를 공개하지 않아 정확한 규모 파악은 어렵지만, 시장 점유율이 최소 30% 이상은 되는 것으로 추정된다.

PB 시장이 이렇게 크게 성장한 것은 저가·저품질 제품을 찾는 소비자가 증가해서는 아니다. PB 제품들 중에서 초저가 제품의 시장 점유율은 여전히 낮다. PB 시장의 성장은 예전에는 유명 브랜드 제품만 사던 소비자들이 PB 제품에 관심을 가지기 시작하면서부터다. 이는 소비자에게 PB 제품이 유명 브랜드 못지않은 제품으로 인식되고 있다는 걸 의미한다. 그래서 그런지 아무리 유명한 브랜드라도 가격이 비싸거나 재고가 없으면 PB나 신생 브랜드로 쉽게 대체된다. 그런데 왜 이렇게 브랜드의 대체 가능성이 커졌을까? 첫째, 소비자가 주관적으로 인식하는 품질과 성능의 차이가 사라졌고, 둘째, 소비자의 정보 접근성이 높아졌으며, 마지막으로 소비자의 가격 민감도가 높아졌기 때문이다.

점차 사라지는 브랜드 차별성

심리학에는 '한계 민감도 감소 현상'이라는 법칙이 있다. 자극의 강도가 낮을 때에는 그 강도가 분명하게 인식되지만, 자극의 강도가 높아질수록 강도 차이가 잘 느껴지지 않는 현상을 말한다. 정신물리학자인 구스타브 페히너 Gustav Fechner가 1860년에 이 현상에 대한 논문을 발표할 정도로 심리학에서는 오래 연구된 주제 가운데 하나이며 인간의 지각, 감각, 인식을 관통하는 법칙이다. 무게를 예로 들어 쉽게 설명하면, 손에 든 물체의 무게가 1킬로그램에서 2킬로그램으로 변화하면 사람들은 1킬로그램의 무게 변화를 분명하게 느낀다. 하지만 20킬로그램의 물건을 들고 있을 때는 같은 1킬로그램이 추가되어도 그 차이가 훨씬 작게 느껴진다. 즉, 동일한 1킬로그램의 무게에 대한 민감도는 전체 무게가 증가할수록 감소한다.

한계 민감도 감소 현상은 원래 빛, 소리, 무게와 같은 물리적 자극에 대한 지각과 관련해서 연구되어 왔지만, 최근에는 돈이나 미래 시간에 대한 소비자의 인식을 설명하는 데에도 적용된다. 예를 들어 은행 잔고가 10만 원밖에 없는 사람이 자동차 보험의 마일리지 특약 덕분에 50만 원을 환급받게 되었다고 해보자. 이때 50만 원은 무척 크게 느껴진다. 갑자기 부자가 된 것 같은 느낌이 들기도 한다. 하지만 은행에 수억 원의 현금을 갖고 있는 사람에게 똑같이 50만 원이 환급된다면, 그 50만 원은 별다른 가치를 가지지 못한다. 돈에 대한 인식에서 나타나는 한계 민감도 감소 현상은 노벨경제학상을 받은 심리학자 대니얼 카너만Daniel Kahneman이 주장한 전망 이론prospect theory에 반영되어 있다.

미래 시간에 대한 인식도 마찬가지다. 휴일도 없이 바쁘게 일하는 사람에게 하루의 휴식이 주어지면, 이 하루는 매우 길고 값지게 느껴진다. 하지만 몇 개월째 구직 상태로 집에서 쉬고 있는 사람에게 주어진 하루의 휴식은 의미를 가지기 어렵다. 미래 시간에 대한 인식에서 나타나는 한계 민감도 감소 현상을 학계에 최초로 보고한 것이 내가 박사과정 때 작성한 논문이었다.[2] 이 논문은 미국 마케팅협회 American Marketing Association로부터 최우수 논문상을 받았고, 그 후로 나는 한계 민감도 감소 현상에 관한 연구를 계속 진행해왔다. 연구 과정에서 발견한 흥미로운 사실은 한계 민감도 감소 현상이 물리적 자극뿐 아니라 제품의 품질이나 성능에 대한 인식에서도 발생한다는 것이다. 오른쪽 그림을 통해 자세히 살펴보자.

시장에 공급되는 제품의 품질과 성능 수준이 전반적으로 낮을 때, 시장에 보다 우수한 제품이 공급되면 소비자는 그 우수성을 크고 분명하게 인식한다. 그림에서처럼 성능 수준이 A만큼 향상되면 사람들은 a만큼 제품의 우수성을 인식한다. 1980년대 한국 시장에 공급되던 전자제품의 성능을 생각해보면 쉽게 이해할 수 있다. 당시 한국에서 큰 인기를 얻었던 제품 중 코끼리표 전기밥솥이 있었는데, 브랜드명은 조지루시Zojirushi였다. 국내에서는 별다른 마케팅이나 영업을 하지 않아 실제 브랜드명을 모르는 사람들이 더 많았다. 대신 전기밥솥에 그려진 코끼리 그림을 보고 많은 사람들이 코끼리표 밥솥

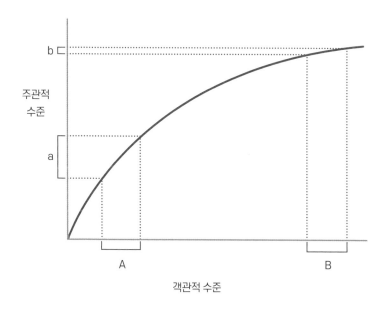

이라고 불렸다. 영업도 마케팅도 하지 않은 제품이 한국에서 큰 인기를 얻을 수 있었던 이유는 당시 한국 시장에 공급되는 국산 전기밥솥의 품질 수준이 전반적으로 낮았기 때문이다. 이런 환경에서 일본 제품의 품질적 우수성은 크고 분명하게 인식된다. 당시 일본산 전기밥솥, TV, 카세트 플레이어, VCR 등이 사람들의 큰 사랑을 받은 이유가 이러한 시장 상황의 영향이었다. 하지만 시장에 공급되는 제품들의 품질과 성능 수준이 향상되어 일상적으로 사용하기에 불편함을 느끼지 못할 수준이 되면 사람들은 더 우수한 제품을 사용해도 그 차이를 이전만큼 크게 느끼지 못한다. 과거와 동일한 수준(A)으로 성능을 B만큼 향상해도, 사람들이 느끼는 차이는 b 정도에 불과하다. 이 때문에 기업이 아무리 품질이 우수한 제품을 시장에 출시한다고 해도 소비자는 그 차이를 느끼지 못한다.

현재 많은 브랜드가 처한 문제는 제품의 품질 및 성능이 전반적으로 향상되어 제품 간 차이가 소비자가 쉽게 인식할 수 있는 수준을 넘어섰다는 것이다. 제품을 만드는 사람은 자신이 만든 제품이 더 우수하다는 것을 알지만 일반 소비자는 잘 모른다. 소비자에게 제품 성능에 대한 차이가 더 이상 중요하지 않게 된 것이다. 이런 현상은 제품의 기술적 복잡성에 따라 순차적으로 발생한다. 의류나 생활용품처럼 기술적으로 단순한 제품일수록 제품의 차별적 우수성에 대한 인식이 먼저 사라지고, 이는 점차 기술적으로 복잡한 제품으로 확대된다.

이처럼 소비자들이 제품의 차별성을 인식하지 못한다는 것은 소비자의 브랜드 의존성이 사라졌다는 것을 의미한다. 원래 브랜드는 소비자의 의사결정 과정에서 중요한 길잡이 역할을 해왔다. 예전에는 시장에 공급되는 제품들이 품질과 성능에서 큰 차이가 존재하더라도 소비자들은 그중에서 어떤 제품이 좋은 제품인지 쉽게 판단하기 어려웠다. 이런 상황에서 소비자들이 제품을 고를 때 의존했던 것이 브랜드다. 유명한 브랜드일수록 품질과 성능이 좋을 확률이 높기 때문에 브랜드의 인지도나 명성에 근거해 제품을 선택했다. 실제로 브랜드의 인지도나 명성은 제품의 품질이나 성능과 연관성이 깊어 브랜드에 의존해서 제품을 선택하는 것은 소비자가 제품에 대한 자세한 정보 없이도 우수한 제품을 선택할 수 있는 효과적인 방법이었다. 하지만 요즘처럼 소비자가 시장에 공급되는 제품들이 품질이나 성능에 있어서 별반 차이가 없다고 인식하게 되면 구매 의사결정을 내릴 때 브랜드에 의존할 필요성이 사라진다. 브랜드 의존성이 사라진다는 것은 소비자들이 예전처럼 유명 브랜드 제품을 고집하지 않는다는 것이며, 이는 브랜드의 대체 가능성이 커졌다는 것을 의미한다.

소비자의 높아진 정보 접근성

한계 민감도 감소 현상과 더불어 소비자들의 브랜드 의존성을 낮추는 데 크게 기여하는 것은 높아진 정보 접근성이다. 한계 민감도 감소 현상은 기술적 복잡성이 낮거나 소비자들이 반복적으로 자주 구매하는 제품에서 주로 나타난다. 물론 그렇지 않은 제품군에서는 여전히 많은 소비자가 제품의 품질과 성능 차이가 존재한다고 생각하고, 아직 경험해보지 못한 신제품의 경우도 제품마다 차이가 있을 수 있다고 여긴다.

하지만 그렇다고 해서 이런 제품을 살 때 소비자들이 이전처럼 브랜드에 의존하는 것은 아니다. 이제는 소비자가 제품에 대한 정확하고 다양한 정보를 쉽게 가질 수 있어서 브랜드에 의존하지 않고도 어떤 제품이 좋은 제품인지 판단할 수 있다. 온라인 시대의 소비자들은 그 어느 때보다도 제품에 대한 많은 정보를 가지고 있다. 유튜브나 블로그 등 여러 인터넷 매체를 통해 전문가들의 제품 평가를 쉽게 접할 수 있고, 온라인 플랫폼에서 제품을 구매한 수많은 소비자의 다양한 리뷰를 볼 수 있다. 특히 플랫폼의 사용자 리뷰는 구매 의사결정에 가장 큰 영향을 미치는 요소로 꼽힌다. 미디어나 유튜브는 특정한 사람의 개인적인 의견이라 그 사람의 선호나 취향에 영향을 받는다. 게다가 요즘에는 브랜드 협찬과 같은 이유로 특정 브랜드에 유리한 방향으로 제품을 리뷰하는 경우가 많다. 반면 플랫폼의 사용자 리뷰는 집단 지성이다. 한 명이 아니라 수많은 사용자의 다양한 평가가 모여서 소비자들은 플랫폼의 사용자 리뷰를 통해 제품에 대한 보다 객관적인 정보를 얻을 수 있다.

아마존이나 쿠팡, 네이버와 같은 거대 플랫폼이 자신의 플랫폼에 많은 사용자 리뷰가 쌓이도록 노력하는 이유가 바로 제품 정보를 원하는 소비자들을 플랫폼으로 유입시키기 위함이다. 이런 목적으로 축적된 사용자 리뷰는 소비자 입장에서 제품에 대한 정보를 쉽게 얻을 수 있는 통로가 되어 소비자의 브랜드 의존성을 낮춘다. 이는 많은 브랜드의 대체 가능성을 키우고 결국 브랜드를 플랫폼에서 벗어나기 어렵게 만든다. 즉, 플랫폼의 사용자 리뷰는 소비자를 플랫폼으로 유입시킬 뿐 아니라 브랜드 의존성도 낮춰 브랜드 위기를 가속화하는 역할까지 한다.

가격에 민감해진 소비자

제품의 품질과 성능 인식에 대해 발생하는 한계 민감도 감소 현상과 소비자의 높아진 정보 접근성, 이 두 가지만으로도 개별 브랜드의 힘은 크게 감소하고 브랜드의 대체 가능성은 커진다. 그런데 브랜드의 대체 가능성을 키우는 추가적인 요인이 하나 더 있다. 바로 소비자의 가격 민감도. 소비자의 가격 민감도가 높을수록 인지도가 높은 브랜드는 우수한 품질과 성능을 가진 제품을 만들어도 자신보다 저가에 판매되는 덜 우수한 제품과의 경쟁에서 밀리게 된다. 즉, 가격이 브랜드를 이기는 현상이 나타난다.

A라는 유명 브랜드 제품과 B라는 자체 브랜드 제품이 있다고 가정해보자. 한 소비자에게 A브랜드의 품질과 성능은 100으로 인식되고 B브랜드 제품은 90으로 인식된다고 하자(참고로 한계 민감도 감소 현상은 두 제품 간의 차이가 과거에 50이었다면 지금은 10으로 줄어들었다는 것을 말한다). A제품의 가격은 1만 원이고, B제품의 가격은 9천 원이다. 만약 소비자가 품질이나 성능에 있어서 '10'의 차이가 1천 원 이상의 가치가 있다고 생각한다면, A브랜드 제품을 선택할 것이고, 반대로 그렇지 않다고 여기면 B브랜드 제품을 선택할 것이다. 이런 점에서 제품의 매출은 지각된 품질 차이와 가격 사이의 함수 관계라고 할 수 있다.

그런데 1천 원이라는 가격 차이는 소비자의 마음속에서 고정된 가치를 가지는 것이 아니다. 돈의 가치는 상황이나 사람의 성향에 따라 크게 달라신나. 9천 원짜리 제품을 사고 거스름돈 1천 원을 받지 못한 경우, 1천 원의 가치는 매우 크게 느껴지지만, 9만 9천 원짜리 제품을 산 경우라면 1천 원의 가치는 이보다 낮게 느껴진다. 또한 사람들의 소득이나 가치관에 따라서도 돈의 가치는 다르게 느껴지는데, 어떤 사람은 1천 원을 큰돈이라고 생각하지만 어떤 사람은 그렇지 않을 수 있다. 이처럼 돈의 가치는 절대적이지 않다.

문제는 플랫폼이 사람들의 돈에 대한 민감도를 높인다는 점이다. 네이버쇼핑의 가격 비교 서비스를 이용하는 소비자는 제품을 검색할 때 최저 가격을 제시하는 여러 판매자의 가격을 한눈에 보게 된다. 제품을 검색하는 순간부터 가격 차이에 노출되게 하는 것이다. 가격 비교 리스트에 나와 있는 판매자들의 가격 차이는 매우 적은 경우가 대부분이다. 적게는 10원부터 많게는 몇백 원에서 몇천 원 차이로 판매자들을 줄 세운다. 이와 같은 가격 비교 서비스는 소비자가 이들 중에서 가장 낮은 가격을 찾는 것을 목적으로 여기게 만들고, 이는 결국 소비자를 적은 가격 차이에도 민감하게 한다. 플랫폼을 이용하지 않았다면 대수롭지 않게 여길 금액 차이지만, 플랫폼은 이 차이가 엄청나게 큰 것처럼 느껴지게 만드는 것이다.

이렇게 소비자의 가격 민감도가 높아지면, 지각된 품질과 가격의 함수 관계에서 소비자가 가격에 부여하는 가중치가 높아지게 된다. 앞의 예에서, '10'의 품질 차이보다 '1천 원'의 가격 차이가 중요하게 보이도록 하는 것이다. 따라서 유명 브랜드인 A제품보다 자체 브랜드인 B제품을 선택할 확률이 높아진다.

소비자의 가격 민감도가 높아진다는 것은 결국 우수한 제품을 만드는 유명 브랜드가 덜 우수하지만 보다 저렴한 제품을 만드는 브랜드와의 경쟁에서 밀려날 가능성이 크다는 것을 의미한다. 아무리 유명 브랜드라도 가격이 비싸면 소비자에게 가치를 인정받지 못하게 된다. 이런 점에서 소비자의 가격 민감도도 브랜드의 대체 가능성을 키우는 중요한 요인이다. 그렇다고 해서 유명 브랜드가 자체 브랜드나 신생 브랜드 수준으로 가격을 낮출 수는 없다. 가격을 낮추기 위해서는 제조 원가를 줄여야 하고, 제조 원가를 줄이기 위해서는 품질과 성능을 낮춰야 하는데, 이는 브랜드의 가치를 훼손하며 브랜드의 독립성을 스스로 저하하는 일이다.

더미 브랜드 시대: 대체 불가능한 브랜드가 되라

더미dummy라는 말이 있다. 사람의 외형을 재현한 인형으로, 자동차 제조사가 자동차의 안전성 테스트를 위한 충돌 실험을 하거나 구조대원들이 인명 구조 훈련을 할 때 이 더미 인형을 사용한다. 진짜 사람으로 하기에는 위험한 실험이라 인형으로 대체하는 것이다. 그렇다 보니 실험 과정에서 더미 인형이 망가지는 경우가 생기는데, 이렇게 망가진 더미 인형은 폐기되고 새로운 더미 인형으로 대체된다. 요즘 많은 브랜드는 사실 이런 더미 인형과 크게 다르지 않다. 더미가 인간으로서의 가치를 가지지 못하고 쉽게 폐기되는 것처럼, 많은 브랜드가 브랜드로서의 가치를 가지지 못하고 쉽게 대체된다.

브랜드의 대체 가능성이 커지면 브랜드가 플랫폼 밖에서 자립하는 것이 불가능하다. 이미 브랜드를 대체하는 수많은 다른 브랜드들이 플랫폼에 너무 많이 존재하고, 품질 좋은 PB 제품들도 많이 출시되고 있다. 이전에는 볼 수 없었던 해외 브랜드 제품들까지 다양하게 판매하고 있어 브랜드가 플랫폼을 벗어나면 사람들의 관심 속에서 사라지는 건 시간문제다.

온라인 플랫폼 시장이 커지면서 매장을 방문하는 소비자가 줄어들자 오프라인 매장을 중심으로 운영하는 제조사와 유통업체들은 매장의 인테리어를 바꾸고 다양한 체험 요소를 도입하는 등 고객 유치에 열을 올렸다. 하지만 이런 노력은 대부분 좋은 결과를 내지 못했다. 큰 비용을 들여서 매장을 탈바꿈하고 다양한 프로모션을 진행해도 일시적인 효과만 있을 뿐 매장 방문객은 좀처럼 늘지 않았다. 매장을 바꿔서 플랫폼에 대항하려는 생각은 위기의 본질을 근본적으로 잘못 이해하고 있는 것이다. 매장에 소비자들이 오지 않는 이유는 매장이 불편하거나 낙후되어서가 아니라 그 매장이 또는 매장에서 판매하는 제품이 다른 것으로 쉽게 대체될 수 있는 것이기 때문이다. 브랜드의 디지털 채널이 활성화되지 않는 이유도 마찬가지다. 제조사와 유통업체들은 플랫폼과 경쟁하기 위해 웹사이트나 모바일 앱의 사용자 경험UX을 개선하지만, 큰 효과가 없다. 플랫폼에서 유사한 제품을 훨씬 저렴한 가격에 살 수 있는데, 사용자 경험만으로는 소비자를 브랜드 자체 채널로 끌어들이기에는 역부족이다.

따라서 대체 불가능한 브랜드가 되어야 한다. 소비자에게 쉽게 대체될 수 있는 브랜드로 인식되면 브랜드는 플랫폼을 절대 나갈 수 없다. 영원히 플랫폼의 굴레에서 벗어나지 못하고 유사 브랜드들과 끝없는 가격 경쟁을 해야 한다. 대부분의 기업은 지금까지 브랜드의 대체 가능성에 대해 진지하게 고민하지 않았을 것이다. 자신의 브랜드가 오랜 역사를 가지고 있고, 높은 인지도를 유지하며, 실제 판매량도 많기 때문에 여전히 가치가 높다고 생각한다. 하지만 브랜드의 대체 가능성은 브랜드의 역사, 인지도, 판매량과는 전혀 다른 문제다. 아무리 브랜드의 역사가 길고 유명한 브랜드라도 쉽게 대체될 수 있는 브랜드는 플랫폼 밖에서 생존하기 어렵다. 플랫폼에 대항하려는 브랜드에게 필요한 것은 오로지 브랜드의 대체 가능성이다. 이를 브랜드의 최우선 목표로 삼고 전략을 세워야 한다.

플랫폼이 채워주지 못하는 것에
주목하라

제품의 품질과 성능에 대한 인식에서 발생하는 한계 민감도 현상과 소비자의 높은 정보 접근성은 브랜드의 대체 가능성을 키운다. 게다가 플랫폼이 소비자들을 가격에 민감하게 만들어 브랜드의 힘을 더욱 약화시키고 있다. 하지만 그렇다고 해서 브랜드 시대가 끝난 것은 아니다. 여전히 많은 사람들의 사랑을 받으면서 계속해서 성장하고 있는 브랜드들이 존재한다.

미국 경제지《포천》이 2020년에 발표한 브랜드 순위를 보면, 애플이 1위를 차지했다. 2위부터 5위까지는 구글, 마이크로소프트, 아마존, 페이스북과 같은 빅테크 기업들이다. 코카콜라(6위), 디즈니(7위), 삼성(8위), 루이뷔통(9위), 맥도날드(10위), 도요타(11위), 나이키(13위)와 같은 굴지의 제조사 브랜드들도 여전히 상위에 포진하고 있다.

브랜드 순위

(2020년 기준)

순위	브랜드	브랜드 가치	가치 변화율
1	애플	$241.2B	17%
2	구글	$207.5B	24%
3	마이크로소프트	$162.9B	30%
4	아마존	$135.4B	40%
5	페이스북	$70.3B	-21%
6	코카콜라	$64.4B	9%
7	디즈니	$61.3B	18%
8	삼성	$50.4B	-5%
9	루이뷔통	$47.2B	20%
10	맥도날드	$46.1B	5%
11	도요타	$41.5B	-7%
12	인텔	$39.5B	2%
13	나이키	$39.1B	6%

출처: 포브스

특히 나이키와 루이뷔통은 10년 전과 비교해 순위가 큰 폭으로 상승했다. 10년 전만 해도 나이키 순위는 31위, 루이뷔통은 18위로 간신히 상위권에 이름을 올린 정도였다. 최근 많은 제조사 브랜드의 가치가 하락세를 못 면하고 있는 점을 고려하면 이들 브랜드의 약진은 인상적인 일이나.

　이외에도 파타고니아, 룰루레몬, 로레알, 구찌, 에르메스, 와비파커와 같은 제조사 브랜드들은 플랫폼 시대에 더욱 성장하는 모습을 보이고 있다. 유통업체 브랜드들 중에서도 미국 대형마트의 상징인 월마트, 소형 식료품점 트레이더 조, 창고형 매장 코스트코, 미국 10대들에게 가장 인기 있는 화장품 매장 얼타, 인테리어 자제용품점인 홈 디포, 아웃도어용품 매장인 REI 협동조합 등은 아마존이 지배하는 유통 시장에서 여전히 건재한 모습을 보여준다. 시장 전반적으로는 제조사나 기존 유통업체의 브랜드 가치가 하락하고 있긴 하지만, 일부 브랜드의 경우에는 오히려 성장하고 있는 모습이다.

　플랫폼 시대에 브랜드 가치가 전반적으로 하락하고 있는 것은 사실이다. 하지만 앞서 언급한 브랜드들처럼 더 성장하고 있는 브랜드들도 분명 존재한다. 이런 브랜드들이 가지고 있는 공통적인 특징은 다른 브랜드로 쉽게 대체되지 않는다는 점이다. 대체 불가능한 브랜드란 소비자에게 더 좋은 대안이 없다는 것을 의미한다. 그렇기 때문에 이들은 플랫폼에 종속되지 않을 수 있고, 브랜드의 온·오프라인 채널을 활성화할 수 있다. 설령 매장의 인테리어가 낙후되었거나 디지털 채널의 사용자 경험이 좋지 않고 배송이 느려도 소비자들은 브랜드 채널을 자주 방문하고 브랜드 채널을 통해 제품을 산다. 반대로 다른 브랜드로 쉽게 대체 가능한 브랜드는 아무리 사용자 경험이 우수한 디지털 채널을 가지고 있고, 좋은 경험을 주는 오프라인 매장이 있어도 브랜드 채널보다 플랫폼을 통해 제품을 산다. 소비자를 채널로 불러들이는 데 있어서 가장 중요한 역할을 하는 것은 브랜드 자체이지 온라인 채널의 사용자 경험이나 오프라인 매장의 인테리어가 아니다.

플랫폼에 대항할 수 있는 전략은 시작부터 끝까지 '브랜드' 전략이어야 한다. 하지만 안타깝게도 많은 사업자가 플랫폼 문제를 채널 문제로 인식하고 있다. 오프라인 매장의 매출이 떨어지니 매장 매출을 올리기 위해 일시적으로 가격을 할인하고, 인테리어를 바꾸고, 매장 안에 체험 요소를 도입한다. 온라인 채널이 활성화되지 않자 사용자 경험을 개선하기 위해 웹사이트와 모바일 앱의 디자인을 변경하고 신규 회원 모집을 위한 프로모션을 한다. 하지만 이런 노력은 대부분 원하는 결과를 얻지 못한다. 브랜드가 어려움을 겪는 이유는 채널에 문제가 있어서가 아니라 브랜드에 문제가 있어서다. 브랜드 전략 없이 플랫폼에 대항할 방법은 없다. 이것을 빨리 깨닫는 브랜드는 플랫폼에 대한 대항력을 갖출 것이고, 그렇지 않은 브랜드는 그대로 사라지게 될 것이다.

플랫폼이 채워주지 못하는 인간 내면의 욕구

그렇다면 어떻게 하면 대체 불가능한 브랜드가 될 수 있을까? 브랜드 가치는 기본적으로 제품의 차별적 우수성에 의해 결정된다. 그런데 온라인 시대에는 제품의 품질이나 성능에서 차별적으로 우수하기는 어렵다. 한계 민감도 감소 현상에서 설명했듯이 스마트폰이나 자동차, 의료기기처럼 일부 기술집약적인 제품군에서는 여전히 제품의 품질이나 성능이 브랜드 가치를 결정하는 가장 중요한 요소지만, 이들 외의 대부분의 제품군에서는 소비자들이 품질 차이를 제대로 인식하지 못한다. 그러므로 브랜드 가치를 높일 수 있는 새로운 방법을 찾아야 한다. 여러 방법이 있겠지만 이 책에서 제시하는 방법은 간단하다. 바로 플랫폼이 만족시켜주지 못하는 소비자의 욕구를 파고드는 것이다.

사람의 마음 깊은 곳에는 내면의 욕구들이 존재한다. 사회에서 높은 위상을 얻고 싶고, 남들과 다르다고 느끼고 싶어 하면서도 동시에 집단 속에서 소속감을 느끼고 싶어 한다. 주변 사람이나 상황을 통제하고 싶은 욕구도 있다. 이처럼 인간의 내면에는 다양한 근원적 욕구들이 존재한다. 그리고 이런 욕구를 채우기 위해 어려운 일을 참아내고, 배고픔도 잊고 일을 하며, 때로는 다른 사람과 싸우고 경쟁한다. 인간 내면의 근원적인 욕구는 사람들의 마음과 행동을 지배할 정도로 강한 힘을 가지고 있다.

거대 플랫폼은 사람들에게 많은 혜택을 주지만, 인간 내면의 근원적인 욕구까지는 만족시켜주지 못한다. 플랫폼에서 제품을 저렴하고 편리하게 구매할 수는 있지만 높은 위상을 얻으려는 욕구나 소속감에 대한 욕구를 충족시킬 수 있는 것은 아니다. 이것이 브랜드가 나아가야 할 방향이다. 브랜드가 인간 내면의 욕구를 만족시켜준다면 그 브랜드는 많은 사람들에게 대체 불가능한 브랜드가 될 것이다.

소비자들은 이런 브랜드에 일체감을 느끼고 브랜드의 팬이 된다. 브랜드의 팬이 된 소비자들은 브랜드가 제공하는 제품과 서비스를 반복적으로 구입하고, 브랜드의 온·오프라인 채널에서 많은 시간을 보내게 될 것이다.

소비자의 네 가지 근원적 욕구를 채워라

욕구는 사람을 움직이는 마음의 힘이다. 배가 고프면 음식을 먹고 싶은 욕구가 생겨 집 밖으로 나가서 음식을 사 먹게 하고, 학점을 잘 받고 싶은 욕구는 지루한 강의를 몇 시간이나 견뎌내고 교수의 재미없는 농담에도 미소짓게 만든다. 욕구가 강할수록 사람의 사고와 행동에 미치는 효과도 강력해진다. 자신이 어떤 제품이나 사람에 대해 강한 욕구를 가졌던 기억을 떠올려보면 욕구의 힘에 대해 쉽게 이해할 수 있을 것이다.

욕구에는 두 가지 종류가 있다. 하나는 생리적 욕구다. 생리적 욕구란 신체의 결핍 상태가 만들어내는 욕구를 말한다. 목이 마르면 물을 마시고 싶고, 잠이 부족하면 잠을 자고 싶은, 몸의 상태가 사람을 움직이게 만드는 것이 생리적 욕구다. 다른 하나는 심리적 욕구다. 심리적 욕구는 몸의 상태보다는 마음의 상태와 관련 있다. 사람들에게 사랑받고 싶은 욕구나 사회에서 존경받는 위치에 올라가고 싶은 것 등이 심리적 욕구다. 이 두 가지 중에 소비에 더 큰 영향을 미치는 것은 심리적 욕구다. 예를 들어 물을 마시고 싶다는 생리적 욕구는 물을 마시는 것으로 쉽게 충족된다. 하지만 심리적 욕구는 근본적으로 해결하기가 어렵다. 사회적으로 높은 위치에 오르고 싶어 하는 사람을 생각해보자. 이런 사람이 자신의 욕구에 만족하기 위해서는 승진이나 자격시험 등에 합격해야 하는데, 이는 쉽게 할 수 있는 일이 아니다. 그래서 사람들은 소비를 통해 심리적 욕구를 대신 만족시키고 싶어 한다. 소비는 돈만 내면 되므로 심리적 욕구를 만족시킬 수 있는 가장 빠르고 확실한 수단으로 인식된다.

플랫폼에 대항할 수 있는 최고의 방법은 소비자의 심리적 욕구를 만족시키는 브랜드가 되는 것이다. 심리학과 소비자행동 연구자들은 소비자가 가진 다양한 심리적 욕구들에 대해 연구하고 있다. 사람들이 가진 욕구는 수없이 많지만, 그 욕구들 중에서도 보다 근원적이고 보편적인 욕구들이 있다. 지금부터 인간이 가진 네 가지 근원적 욕구에 대해 알아보자.

1. 위상에 대한 욕구: 나는 존경받는 사람이 되고 싶다

인간이 가진 가장 근본적인 욕구들 가운데 하나는 위상에 대한 욕구다. 여러 심리학 연구에 따르면 높은 위상에 대한 욕구는 모든 사람이 원하는 공통된 욕구이며, 이 욕구가 제대로 채워지지 않았을 때 다양한 정신적, 신체적 증상이 나타난다. 우울증에 걸리거나 관상동맥 질환이 발생할 가능성이 커진다. 노벨 경제학 수상자인 존 하사니 John Harsanyi도 높은 위상에 대한 욕구가 돈에 대한 욕구와 더불어

인간 행동의 가장 강력한 동기라고 말한 바 있다.[3]

그렇다면 위상에 대한 욕구는 무엇일까? 이 욕구는 단순히 높은 사회적 지위를 얻거나 성공하고 싶은 마음을 말하는 것은 아니다. 그보다는 더 큰 개념으로, 작게는 다른 사람들로부터 존중받고 싶은 마음이며, 크게는 많은 사람들이 우러러보는 사람이 되고 싶은 욕구다. 사람들이 위상에 대한 욕구를 가지는 이유는 사회에서 위상이 사람들에게 미치는 영향이 크기 때문이다. 한 심리학 연구에서는 지난 70년간 위상과 관련된 연구를 종합적으로 분석해 위상이 사람들의 건강과 삶에 어떠한 영향을 미치는지 살펴봤다.[4] 이 연구에 따르면 위상은 사람들의 삶에 대한 만족도뿐 아니라 일상적으로 경험하는 감정에도 영향을 미치며, 자존감과도 관련 있다고 했다. 위상이 낮은 사람들은 삶의 만족도가 낮고 부정적 감정을 많이 느끼며, 자신의 가치를 낮게 인식해 자존감이 낮다. 위상은 건강에도 영향을 미치는데, 위상이 낮은 사람일수록 우울증이나 정서 불안을 경험하기 쉽고, 고혈압이나 감염병 위험도 크다. 이처럼 위상은 인간의 삶 모든 영역에 영향을 미친다.

그런데 위상에 대한 욕구를 만족시키는 것은 어려운 일이다. 좋은 집안에서 태어나거나 자신의 노력으로 높은 사회적 지위를 얻은 사람들은 이 욕구를 채울 수 있겠지만, 이러한 일은 소수의 사람에게만 일어난다. 게다가 높은 지위를 얻거나 돈을 많이 벌었더라도 세상에는 자신보다 더 높은 위상을 가진 사람들이 늘 존재하기 때문에 성공한 사람들도 위상에 대한 욕구를 완전히 만족시키기는 어렵다. 오히려 성공한 사람일수록 위상에 대한 욕구가 더 강해지는 법이다. 그래서 많은 사람들은 소비를 통해 위상에 대한 욕구를 충족하려고 한다. 높은 사회적 지위를 얻는 것은 어려워도 사람들에게 가치 있는 것으로 여겨지는 제품을 소유하는 것은 그보다는 쉽기 때문이다. 이런 이유로 위상에 대한 욕구는 소비를 촉진한다. 사람들에게 필요 없는 물건을 더 비싸게, 더 많이 구매하게 하거나 월급의 대부분을 위상을 높이는 데 도움이 되는 제품을 사게 만들고, 심지어는 매장 앞에서 밤을 새우게 하기도 한다.

　여기서 위상에 대한 욕구를 채워주는 것은 고가의 명품 브랜드라고 생각하기 쉽지만, 꼭 그렇지는 않다. 위상은 절대적인 기준이 있는 것이 아니라 맥락이나 집단에 따라 달라진다. 예를 들어 회사에서는 직급이 위상을 결정하고, 고등학생이나 학부모들 사이에서는 공부를 잘하는 것이 위상을 결정한다. 위상에 대한 욕구를 채워주는 소비도 마찬가지다. 어떤 사람들에게는 고가의 명품 브랜드 제품을 사는 것이 위상을 높여주지만, 한정판 운동화에 관심이 많은 소비자는 다른 사람들이 구하기 어려운 운동화를 가짐으로써 위상을 높인다. 음식에 관심이 많은 사람들은 최근 화제가 된 식당에 남들보다 먼저 가서 SNS에 사진을 올려 위상에 대한 욕구를 채운다. 이처럼 위상의 기준은 소비자가 속한 집단에 따라 크게 달라지므로 꼭 명품 브랜드가 아니더라도 위상에 대한 욕구를 채울 수 있는 브랜드가 될 수 있다.

　플랫폼이 가진 근본적인 한계는 사람들이 가진 위상에 대한 욕구를 만족시켜주지 못한다는 점이다. 플랫폼은 사람들이 원하는 제품을 찾아주고 구매할 수 있게 도와주는 도구에 불과하다. 이용에 제한을 두지 않아서 원하는 사람은 누구나 플랫폼을 이용할 수도 있다. 그래서 플랫폼은 사람들의 위상을 높이는 역할을 하기 어렵다. 우리는 여기서 플랫폼에 대항할 수 있는 브랜드 전략을 찾을 수 있다. 브랜드가 소비자의 위상을 높여주는 중요한 수단으로 인식되면 많은 소비자가 그 브랜드에 의존하게 될 것이다. 그렇게 되면 브랜드는 쉽게 대체될 수 없어 플랫폼에 대한 높은 대항력을 가질 수 있다.

2. 소속에 대한 욕구: 내가 어딘가에 속한다는 것

사람들은 다른 사람들과 의미 있는 관계를 맺고, 사람들에게 사랑받으며, 동시에 자신이 그들에게 사랑을 주고 싶어 한다. 이를 소속에 대한 욕구라고 부른다. 심리학자 로이 바우마이스터Roy F. Baumeister 가 주창한 개념으로 여기서 말하는 '소속'이란 어떤 단체에 소속되는 것을 의미하는 것이 아니라 의미 있는 사회적 관계 속에서 서로가 서로에게 소속되는 느낌을 가지는 것을 말한다.

바우마이스터에 따르면 소속에 대한 욕구는 인간이 가진 욕구 가운데서도 가장 근본적인 욕구다. 사람들이 가진 다른 욕구들도 소속에 대한 욕구를 만족시키기 위한 것일 수 있다. 성공하고자 하는 것이나 돈을 많이 벌고자 하는 것도 결국은 다른 사람들에게 사랑받고 인정받고자 하는 욕구에서 비롯된 것일 수 있는 것이다. 그래서 소속에 대한 욕구가 제대로 채워지지 않은 사람은 정신적, 신체적으로 취약해진다. 심리학 연구에 따르면 소속에 대한 욕구를 충족하지 못한 사람은 우울증에 걸리거나 병에 걸린 위험이 커진다고 한다.[5]

소속에 대한 욕구는 청소년기나 청년기에 강하게 나타나다가 나이가 들면서 점점 줄어들게 되는데, 이는 자신이 형성한 가족이나 일하는 직장에서 소속에 대한 욕구가 어느 정도 충족되기 때문이다. 하지만 최근에는 가족이나 직장이 더 이상 소속에 대한 욕구를 만족시켜주지 못하고 있다. 1인 가구가 증가하고, 가족 구성원들끼리 서로 추구하는 가치와 문화가 다양해지면서 가족은 이제 많은 사람들에게 친밀한 관계를 제공하지 못하고 있다. 일과 삶의 경계가 분명해지고, 사람들의 선호와 라이프스타일이 다양해지면서 직장 동료도 소속에 대한 욕구를 충족시켜주는 대상이 되기 어렵다.

이와 더불어 사람들의 사회적 욕구가 증가할 수밖에 없는 중요한 이유는 미래에 대한 사람들의 달라진 인식이다. 스탠퍼드대학의 카스텐슨Carstensen 교수는 나이가 의사결정이나 동기, 감정에 미치는 영향에 관해 연구하는 심리학자다. 그녀가 제안한 개념 가운데 미래 시간관future time perspective이 있는데, 이는 사람들이 자신의 인생에 남아 있는 시간과 기회에 대한 인식을 말한다. 흥미로운 사실은 사람들의 미래 시간관이 나이와 전혀 상관없을 수 있다는 점이다. 젊은 사람이지만 자신에게 남아 있는 시간이나 기회가 많지 않다고 느낄 수 있고, 노인이더라도 아직 많은 시간과 기회가 있다고 생각할 수 있다. 실제로 카스텐슨 교수는 연구 참가자들에게 의료 기술의 발달로 더 오래 살 수 있다는 정보를 제공하는 것만으로도 나이가 많은

참가자의 미래 시간관을 바꿀 수 있다는 것을 보여줬다.[6]

카스텐슨 교수에 따르면 확장적 시간관을 가진 사람(자신의 미래에 남은 시간과 기회가 많다고 인식하는 사람)은 시간이 걸리더라도 미래를 준비하는 데 도움이 되는 목표를 중요하게 생각한다. 가령, 정보를 모으고, 새로운 것을 경험하고, 지식의 폭을 넓히는 것 등과 같은 목표다. 반면 제한적 시간관을 가진 사람(자신의 미래에 남은 시간과 기회가 적다고 인식하는 사람)은 미래를 준비하기보다는 정서적 안녕감emotional well-being이나 자신의 삶에서 정서적 의미를 찾는 것을 더 중요하게 여긴다. 이들은 새로운 지식을 얻고 새로운 사람을 만나는 것보다 기존의 친구들과 깊고 의미 있는 관계를 지속하는 것에 더 관심이 많다. 즉, 자신의 미래를 제한적으로 인식할수록 의미 있는 사회적 관계에 대한 욕구가 강해지는 것이다.

중요한 것은 사람들의 미래에 대한 인식이 점점 더 제한적으로 바뀌고 있다는 점이다. 사람들은 지금 그 어느 때보다도 큰 불확실성을 경험하고 있다. 사람들의 삶의 방식이 과거보다 더 빠르게 변화하면서 그 누구도 경제적 상황과 사회적 상황이 앞으로 어떤 방향으로 흘러갈지 예측하기 어려워졌다. 이런 시대에 많은 사람들은 의미 있는 사회적 관계를 통해 위로받고 싶어 한다. 따라서 소속에 대한 욕구를 채워줄 수 있는 브랜드의 가치가 높아질 수밖에 없다. 특히 플랫폼은 소비자들이 원하는 소속에 대한 욕구를 만족시켜주기 어려운 반면, 브랜드는 그 욕구를 채워줄 수 있어서 플랫폼에 대항할 수 있다.

3. 독특함에 대한 욕구: 나는 너와 다르다

심리학자 스나이더Snyder와 프롬킨Fromkin에 따르면 사람들은 자기 자신이 남들과 너무 다르다고 느끼고 싶어 하지도 않지만 그렇다고 남들과 너무 비슷하다고 느끼는 것도 원하지 않는다.[7] 즉, 적당히 남들과 다른 존재라고 느끼고 싶어 한다. 독특함에 대한 욕구와 관련된 연구를 보면 사람들은 자신이 다른 사람과 매우 비슷하다는 피드백을 받게 되면 기분이 안 좋아지고,[8] 다른 사람들과 다르게 행동하고 싶어지며,[9] 남들이 하지 못한 독특한 경험에 더 많은 가치를 둔다.[10] 남들이 잘 사지 않는 특이한 옷이나 신발을 사거나 사람들이 많이 가지 않는 곳으로 여행을 가는 이유도 독특함에 대한 욕구 때문이다.

그렇다고 해서 늘 독특함에 대한 욕구를 가지는 것은 아니다. 배가 고플 때 음식에 대한 욕구를 가지는 것처럼, 독특함에 대한 욕구도 발생하는 조건이 있다. 바로 자기 자신이 남들과 너무 유사하다고 느낄 때다. 가령, 다양한 인종의 사람들을 만나는 자리에 가면 독특함에 대한 욕구를 느끼지 않지만, 같은 나이, 같은 옷차림, 같은 외양을 가진 사람들이 한데 모여 있는 곳에 있으면 자신이 남들과 다르다는 것을 느끼고 싶어 하는 욕구가 생긴다.

인터넷을 통한 빠른 정보 공유와 글로벌한 물류 시스템은 물리적 거리로 인한 제약을 무의미하게 만들고 많은 사람들에게 혜택을 주고 있다. 하지만 동시에 사람들의 삶을 비슷하게 만드는 결과를 가져왔다. 과거에는 사는 지역에 따라 먹는 음식이 다르고, 여가를 보내는 방법이 다르며, 받는 교육의 내용도 달랐다. 그런데 이제는 어느 곳에 살던 비슷한 음식을 먹을 수 있고, 비슷한 방법으로 쇼핑을 하며, 비슷한 방법으로 여가를 보낸다. 심지어 학교에서 배우는 내용도 점점 비슷해지고 있다. 나는 학교에서 강의를 하고 있어서 그런지 교육 내용에서 이러한 변화를 실감한다. 예전에는 강의마다 다루는 사례나 내용이 상이했지만, 지금은 새로 개발된 사례나 이론들이 모든 교수에게 빠르게 공유되어 같은 과목이라면 누가 강의를 해도 그 내용이 크게 다르지 않다. 굳이 다른 사람이 가르칠 필요가 있을까 하는 생각이 들기도 한다. 이렇게 사람들의 삶이 점점 더 비슷해질수록 독특함에 대한 욕구는 증가한다.

독특함에 대한 욕구는 자기 스스로 남들과 다르다고 느끼고 싶어 하는 욕구지만, 다른 사람들에게 자기 자신이 다르다고 보여주고 싶어 하는 욕구이기도 하다. 듀크대학의 애리얼리Ariely 교수와 스탠퍼드대학의 르바브Levav 교수가 진행한 유명한 연구가 있다.[11] 이 연구는 맥줏집을 방문한 사람들을 대상으로 진행한 실험이다. 연구진은 테이블에 앉아 있는 사람들에게 맥줏집에서 무료로 제공하는 샘플 맥주 네 종류 가운데 하나를 선택하게 했다. 여기서 조건은 맥주 주문 방식이다. 어떤 테이블에서는 테이블에 동석한 사람들이 다른 사람들의 선택을 모두 들을 수 있게 웨이터에게 말해서 주문을 받았고, 어떤 테이블은 서로의 선택을 알 수 없게 종이에 적어서 내도록 했다. 50개의 테이블에서 모은 데이터를 비교 분석한 결과, 다른 사람들이 무엇을 선택했는지 알 수 있을 때 더 다양한 맥주가 선택되었다. 즉, 남들이 자신의 선택을 알 수 있을 때 사람들은 더 독특하게 보이고 싶어 한다는 것이다. 요즘은 사람들의 선택과 취향을 쉽게 알 수 있다. 소셜 네트워크를 통해서 수많은 사람들의 선택과 취향이 공유된다. 그렇다 보니 많은 사람들이 소비를 통해 자신의 독특함을 보여주고 싶어 하는 욕구를 가지게 된다.

독특함에 대한 욕구는 어떤 제품을 사느냐 만큼 어디에서 구입하는지도 중요하다. 사람들에게 잘 알려지지 않는 매장에서 제품을 사는 것도 남들과 다르다는 욕구를 만족시킬 수 있다. 일반적인 형태의 카페가 유행했을 때는 스타벅스 커피를 마시며 자신이 남과 다르다고 느꼈고, 스타벅스가 대중화되었을 때는 바리스타가 직접 손으로 내려주는 커피를 맛볼 수 있는 스페셜티 카페를 찾는 등 사람들은 자신이 어떤 곳에서 소비하는지를 통해 독특함에 대한 욕구를 채우기도 한다.

이런 점에서 거대 온라인 플랫폼은 독특함에 대한 욕구를 만족시키기 어렵다. 한때는 온라인 플랫폼이 젊은 소비자들의 전유물처럼 여겨졌지만, 이제는 나이 든 사람들도 쿠팡이나 네이버를 이용해서 제품을 산다. 온라인 플랫폼이 대중화되면서 독특함을 느끼고 싶어 하는 소비자들은 이미 새로운 것을 찾아 떠나기 시작했다. 이런 소비자들에게 매력적인 대안으로 여겨지는 독특한 브랜드 채널이야말로 거대 플랫폼에 대항하는 중요한 무기가 될 수 있다.

4. 통제에 대한 욕구: 내 삶의 주인은 나다

사람들은 자신이 원하는 결과를 얻고, 원치 않는 결과는 피하고 싶어 한다. 자기에게 발생하는 일에 대해서는 스스로 통제하고 싶어 한다. 이를 통제에 대한 욕구라고 한다.[12] 그런데 세상은 사람들이 통제할 수 없는 일로 가득하다. 열심히 노력했지만 원하는 결과가 나오지 않는 일도 많고, 자신이 하지 않는 일로 피해를 보는 일도 생긴다. 통제할 수 없는 환경적 요인으로 큰 손해를 입기도 하고, 예상하지 못했던 사고를 당하기도 한다. 갑자기 처리해야 하는 직장 일로 사생활에 지장을 받거나 통제할 수 없는 가족의 행동에 괴로움을 느끼기도 한다.

문제는 사람들은 자신에게 일어나는 일을 자신이 통제할 수 없다는 사실을 있는 그대로 받아들이기 어려워한다는 것이다. 그래서 실제로 통제할 수 없음에도 통제할 수 있다고 믿는다. 이를 심리학에서는 통제 환상illusion of control이라고 한다.[13] 가령, 복권을 사면서 복권 번호가 이미 적혀있을 때보다 자신이 번호를 선택할 수 있을 때 당첨 확률을 더 높게 예상한다. 이는 자신이 결과를 통제할 수 있다고 믿기 때문이다. 통제 환상은 많은 사람들에게서 보이는 일반적인 현상이다. 우울증이 있는 사람과 그렇지 않은 사람을 비교한 연구를 보면, 우울증이 없는 사람들에게 통제 환상이 크게 나타나고, 오히려 우울증을 겪는 사람들이 자신의 통제력에 대해 더 정확하게 인식한다.[14] 이런 점에서 우울증은 자신을 보다 객관적이고 정확하게 바라보게 만드는 병이기도 하다.

통제에 대한 욕구를 채울 수 있는 가장 쉬운 방법은 주변을 통제하는 것이다. 예를 들어 집안에 놓인 물건의 위치가 바뀌지 않게 하거나, 늘 깨끗한 상태를 유지하고, 하루에 해야 할 일들에 대한 계획을 세워서 규칙적으로 생활하는 것 등이 일상 속에서 통제감을 느끼는 방법이다. 이런 것들을 통제함으로써 사람들은 통제 욕구를 채울 수 있다.

소비도 사람들이 통제감을 느끼는 데 중요한 역할을 한다. 사람들 중에는 오랜 기간 같은 매장에서 같은 제품을 사는 사람들이 있다. 이런 행동은 통제감을 채울 수 있는 좋은 장치다. 그런데 통제감을 느끼고 싶어 하는 사람들에게 플랫폼은 제품이 너무 많아 좋은 선택지가 되기 어렵다. 아마존이 판매하는 제품 수만 해도 3억 개가 넘고, 쿠팡이 판매하는 제품도 500만 개나 된다(2020년 8월 기준). 제품의 다양성은 언뜻 보기에는 좋은 것처럼 보이지만 제품 간 차별성이 적어지면, 소비자들은 이 중에서 어떤 제품을 선택해야 할지 결정하기 어려워진다. 그래서 제품의 다양성이 일정 수준을 넘어서면 오히려 불편함을 느끼는 소비자가 많고 수많은 제품들 사이에서 혼란을 느끼는 소비자는 통제감을 회복하고 싶어 한다.

플랫폼이 거대해지면 질수록 플랫폼에서 판매하는 제품의 종류는 계속 증가한다. 여기에 피로감을 느낀 소비자들은 통제에 대한 욕구를 채우고 싶어 해 플랫폼을 이탈하려고 할 것이다. 이런 소비자들은 자신에게 통제감을 주는, 자신의 마음을 잘 이해해주고, 자신이 좋아할 만한 것들만 모아서 추천해주는 매장에 큰 매력을 느낄 수밖에 없다. 브랜드가 소비자들에게 이러한 욕구를 충족해준다면 거대 플랫폼에 대한 강력한 경쟁력을 가질 수 있을 것이다.

소비자가 브랜드에
원하는 것은 무엇인가

플랫폼이 소비자에게 낮은 가격과 편리함을 제공하더라도 인간 내면의 근원적 욕구는 만족시켜주지 못한다. 그런데 이러한 욕구가 제대로 충족되지 않으면 인간의 몸과 마음은 힘들어진다. 그래서 사람들은 내면의 욕구를 채우기 위해 여러 노력을 하고 많은 자원을 사용한다. 그러므로 브랜드가 소비자의 욕구를 제대로 충족해준다면 플랫폼이 모든 것을 집어삼킨 시대에도 많은 사람들의 사랑을 받으며 브랜드의 자리를 굳건히 지킬 수 있을 것이다.

브랜드 유형 1: 나만을 위한 브랜드

소비자는 남들과 다르다고 느끼고 싶어 한다. 동시에 자신과 비슷한 사람들과는 유대감을 원한다. 브랜드는 이런 욕구를 충족시키는 데 중요한 역할을 해왔다. 미국의 10대들이 반스 운동화를 좋아하고, 젊은이들이 미니 쿠퍼 자동차에 열광하며, 베이비붐 세대가 할리 데이비드슨 오토바이에 빠지는 이유는 브랜드를 통해서 자신들의 독특함과 유대감을 동시에 경험할 수 있기 때문이다. 하지만 플랫폼은 이런 인간의 내면 욕구를 채워주지 못한다. 플랫폼은 기본적으로 모든 사람을 타깃으로 하고 있어서 제품의 다양성을 가장 중요하게 여기고, 대중성이 가장 높은 제품의 판매에 주력할 수밖에 없다. 그렇다 보니 플랫폼이 보여주는 제품들 중에는 자신에게 필요하지 않거나 자기의 취향과는 다른 제품들이 훨씬 더 많다. 그래서 나만을 위한 곳이라는 느낌을 받기 어렵다. 모든 소비자가 비슷한 취향과 선호를 가지고 있다면 이런 방식이 효과적이지만 독특함과 소속감에 대한 욕구를 가진 소비자에게는 진부하고 매력 없는 곳처럼 느껴질 뿐이다.

거대 플랫폼에 대항할 수 있는 최고의 브랜드 전략은 모든 사람을 위한 브랜드가 되려고 하지 않는 것이다. 실제로 많은 팬을 가지고 있는 브랜드들의 공통점은 모든 사람을 만족시키려고 하지 않는다는 것이다. 2018년 나이키는 콜린 캐퍼닉 Colin Kaepernick 을 전면에 등장시킨 광고 캠페인을 진행했다. 캐퍼닉은 샌프란시스코 49ers팀에 소속된 미식축구 선수로, 미국 내 인종 차별에 항의하며 시합 시작 전 국가가 연주될 때 무릎을 꿇는 퍼포먼스를 한 인물이다. 경기 후 인터뷰에서 그는 유색 인종을 탄압하는 국가의 국기에 자부심을 가질 수 없어서 국가가 연주될 때 일어서지 않았다고 말했다. 그 후 많은 선수가 캐퍼닉의 퍼포먼스에 동참했고, 미국 안에서 큰 이슈가 되었다. 당시 대통령이었던 도널드 트럼프가 이에 격분해 그를 해고해야 한다고 말했을 정도였다. 실제로 그는 다음 해 팀에서 방출되었고, 그 어떤 팀에서도 스카우트되지 못했다. 나이키는 이런 캐퍼닉을 전면에 내세워 "믿음을 가져라. 설령 그 대가로 모든 것을 희생하게 되더라도 Believe in something. Even if it means sacrificing everything"라는 메시지를 내보냈다.

대부분의 브랜드는 이런 캠페인을 하지 않는다. 브랜드의 적이 생길 수 있기 때문이다. 실제로 이 캠페인 이후 나이키에 대해 반감을 드러내는 소비자가 많이 증가했다. 그럼에도 나이키가 이런 캠페인을 하는 이유는 나이키는 자신들이 누구를 위한 브랜드인지 확실히 알고 있고, 그들만을 위해 존재하기 위해서다. 나이키는 사회적 약자들에게 힘을 주는 브랜드로, 이런 나이키의 철학에 공감하는 사람들을 위해 존재하려 한다. 굳이 그렇지 않은 사람들마저 포옹하려고 욕심내지 않는다. 그래서 나이키의 팬들은 나이키가 나만을 위한 브랜드라고 느끼고, 서로 간에 유대감을 갖게 해준다. 2020년 일본에서 재일조선인 학생을 전면에 내세운 광고를 내보낸 것도 이와 같은 이유다. 이 광고로 나이키를 싫어하게 된 일본인들이 많아졌겠지만, 나이키는 이들을 신경 쓰지 않는다.

나이키와 같이 많은 팬을 가진 브랜드들은 모두를 만족시키려고 하지 않는다. 브랜드가 자신의 팬을 만들고 팬들에게 대체 불가능한 브랜드로 인식되기 위해서는 브랜드가 누구를 위해 존재하는지 확실하게 정하고 이들만을 위한 브랜드가 되어야 한다.

브랜드의 정체성을 가져라

소비자에게 나만을 위한 브랜드로 인식되기 위해서는 브랜드의 정체성이 확실해야 한다. 정체성이란 한 사람을 구성하는 특성, 성격, 경험, 사회적 관계, 외모적 특징 등을 말한다. 이런 요소들이 합해져 한 사람의 정체성을 만들어내는 것이다. 사람들은 이렇게 형성된 자신의 정체성이 남들과 다르다고 느끼면 자신이 독특하다고 생각하게 되고, 자신과 비슷한 정체성을 가진 사람들과 함께 있을 때 소속감을 느낀다.

브랜드에도 정체성이 존재한다. 브랜드가 만드는 제품, 브랜드의 역사, 브랜드가 추구하는 철학, 소비자에게 제공하는 가치, 브랜드의 상징 등 브랜드와 관련된 모든 것들이 합해져서 브랜드의 정체성을 만들어낸다. 어떤 브랜드는 정체성이 분명하고 독특하게 느껴지지만, 어떤 브랜드는 정체성이 분명하지 않거나 다른 브랜드와 별반 다르지 않다고 느껴지기도 한다. 소비자들은 정체성이 분명하고 독특한 브랜드를 소유함으로써 자신의 정체성을 더 확실히 하고, 독특함에 대한 욕구뿐만 아니라 소속감까지 느낄 수 있다. 정체성이 불분명하거나 차별성이 없는 브랜드는 소비자의 이런 욕구를 만족 시켜줄 수 없다.

소비자들은 브랜드 제품의 특성, 디자인, 광고 메시지, 서비스, 매장, 로고 등 브랜드의 모든 것을 통해서 그 브랜드의 정체성을 느 끼므로 브랜드가 제공하는 모든 것이 하나의 정체성으로 연결되어 야 한다. 그러기 위해서는 브랜드가 추구하는 가치가 분명하고 확실 하게 정의되어야 한다. 운동화 브랜드 반스가 추구하는 가치는 스케 이트보드로 상징되는 젊은이들의 문화를 응원하고 지지하며 이들의 삶에 도움이 되는 브랜드가 되는 것이다. 이런 명확한 정체성은 제품 뿐만 아니라 매장의 분위기, 마케팅 캠페인 등 반스가 하는 모든 활 동에서 드러나며 소비자들이 반스의 정체성을 알 수 있도록 해준다. 파타고니아가 추구하는 가치는 환경에 해가 되지 않는 의류와 등산 장비를 만드는 것이다. 이것이 파타고니아가 만드는 모든 제품, 생산 과정, 그리고 마케팅에서 '파타고니아다움'을 만들어낸다.

많은 브랜드가 가진 문제는 자신들이 추구하는 가치가 분명하 지 않다는 점이다. 설령 추구하는 가치가 분명하더라도 그 가치가 다 른 브랜드와 구분되거나 소비자에게 매력적으로 느껴지지 않는 경 우가 많다. 예를 들어 어떤 브랜드가 품질이 좋은 제품을 만드는 것 을 브랜드의 핵심 가치라고 여긴다면 소비자들은 이 브랜드에서 차 별성이나 매력을 느끼지 못한다. 품질이 좋은 제품은 소비자가 모든 브랜드에 기대하는 가장 기본적인 가치에 불과하기 때문이다. 만약 브랜드가 소비자에게 나만을 위한 브랜드로 인식되고 싶다면 브랜

파타고니아에서 진행했던 환경 캠페인들이다. 파타고니아는 제품뿐만 아니라 그들이 하는 모든 활동에서 환경을 생각하는 파타고니아다움을 담고 있다.

드의 정체성을 확립해야 한다. 브랜드의 정체성이 분명한지, 정체성이 타기층에게 매력적으로 인식되는지, 브랜드의 모든 요소와 활동이 정체성을 제대로 반영하고 있는지 등을 살펴보고, 브랜드 정체성을 디자인해야 한다.

문화적 차원에서 고객을 정의하라

소비자들이 가진 독특함에 대한 욕구나 소속에 대한 욕구가 채워지려면 브랜드의 정체성과 더불어 브랜드와 고객의 유사성이 중요하다. 브랜드 이용자들이 서로 비슷해야 소속에 대한 욕구가 충족되며,

다른 브랜드 이용자들과는 다르다는 인식이 생긴다. 카페를 예로 들어보자. 나는 카페에 앉아서 조용히 책을 보거나 글을 쓰는 것을 좋아한다. 여러 카페를 다니다가 홍대 인근에 있는 3층짜리 카페를 발견했다. 이곳에 오는 사람들은 대부분 혼자 앉아서 책을 보거나 공부하는 사람들이다. 사람들의 옷차림도 비슷하다. 정장 차림, 튀는 옷차림의 사람은 보기 어렵고, 대부분 편안한 복장이다. 그래서 이곳에 있으면 마음이 편안해지고, 다른 사람들에게 동질감이 느껴진다. 이 카페가 나를 위한 카페 같다. 만약 이 카페에 직장인이나 수다를 떨려고 오는 사람들이 많아지면 더는 이곳이 나를 위한 곳이라고 느끼지 못할 것이다.

브랜드의 고객이 유사성을 가지기 위해서는 고객을 문화적인 차원에서 명확하게 정의하고 이를 고수해야 한다. 브랜드가 타깃을 정할 때는 나이, 성별, 직업, 소득과 같은 인구통계적 기준을 많이 사용하는데 인구통계적 기준으로 구분된 고객은 필요한 제품의 유형은 비슷할 수 있어도 취향은 전혀 다를 수 있다. 10대 남학생들이 농구화를 좋아한다고 해서 모두 같은 디자인의 농구화를 좋아하는 것은 아니다. 반면 취향은 나이나 성별, 직업, 소득 등은 달라도 비슷할 수 있다. 10대가 좋아하는 스타일의 옷을 40대나 50대가 좋아할 수도 있는 것이다. 내가 좋아하는 옷이나 신발 브랜드들의 주 소비자도 40~50대보다는 10대인 경우가 많다.

예전에는 소비자의 취향이나 선호가 다양하지 않았고, 여러 취향과 선호를 만족시켜줄 만큼 제품도 다양하지 않았다. 그래서 인구통계적 기준으로 소비사를 타기팅하는 것이 가능했다. 히지만 지금 소비자의 취향과 선호는 그 어느 때보다 다양하다. 인구통계적으로는 동일한 소비자 항목에 속해도 원하는 제품의 특징과 스타일은 전혀 다를 수 있다. 이제는 인구통계적 기준이 아니라 문화적인 차원에서 고객을 정의하고 타기팅해야만 고객들 사이에 문화적인 유사성이 형성될 수 있다.

이렇게 타깃을 정하고 나면, 이를 바꾸거나 넓히지 말아야 한다. 많은 사업자는 비즈니스가 성공하면 가장 먼저 타깃을 넓히려고 한다. 기존 고객에 만족하지 못하고 더 많은 사람들을 고객으로 만들고 싶어 한다. 문제는 고객은 문화적으로 다양해지겠지만, 브랜드 고유의 정체성은 잃게 된다는 것이다. 마켓컬리가 그런 경우에 해당한다. 마켓컬리는 사업 초기에 많은 사람들에게 대체 불가능한 쇼핑 플랫폼으로 인식되었다. 마켓컬리의 고객은 문화적 유사성이 높았는데, 그들은 가격보다는 음식의 질을 중시하고, 외국 음식에 대한 많은 경험과 취향을 가진 사람들이었다. 그런데 큰 규모의 투자를 받자 고객을 넓히기 시작했다. 공격적으로 TV 광고와 할인 행사를 하면서 양적으로 성장하려는 모습을 보였다. 더 많은 사람들을 고객으로 유치하려면 상품의 종류와 가격대가 그만큼 다양해야 한다. 그렇다 보니 마켓컬리가 가진 정체성은 점점 사라지고 다른 플랫폼들과 비슷해지기 시작했다. 최근 들어 이전의 모습으로 돌아가고 있지만, 당시 마켓컬리는 전형적인 '투자금의 덫'에 걸린 모습이었다. 투자금의 덫이란 투자를 받은 사업자가 브랜드의 정체성과 기존 고객을 버리고 시장을 확대하려다가 정체성과 기존 고객 모두를 잃게 되는 것을 말한다.

브랜드가 소비자에게 자신만을 위한 브랜드로 인식되기 위해서는 타깃이 중요하다. 타깃은 분명해야 하며 바뀌서는 안 된다. 브랜드가 타깃을 바꾸는 것이 아니라 고객들 스스로가 자신의 취향과 선호를 새롭게 발견하게 만들어서 브랜드의 팬이 되도록 해야 한다. 브랜드가 타깃을 넓히려고 하는 순간 기존 고객은 더 이상 그 브랜드가 나만을 위한 브랜드가 아니라고 느끼게 된다.

브랜드 유형 2: 위상을 높여주는 브랜드

위상에 대한 욕구는 인간이 가진 가장 근본적인 욕구 가운데 하나이며 사람들이 소비를 통해 채우기 쉬운 욕구다. 게다가 플랫폼은 만족시키기 어려운 욕구라 위상을 높여주는 브랜드는 플랫폼 시대에도 계속 성장할 수 있는 가능성이 크다. 최근 명품 브랜드의 성장세를 보면 이를 확인할 수 있다. 《포천》이 발표한 브랜드 가치 순위를 보면 2020년 기준으로 루이뷔통의 브랜드 가치는 세계 9위이며 전년도와 비교해서 브랜드 가치가 20%나 상승했다. 상위 10개 브랜드 가운데 루이뷔통보다 상승률이 높은 브랜드는 마이크로소프트와 아마존뿐이다. 2010년에 루이뷔통의 순위가 18위였던 것과 비교하면 아홉 계단이나 오른 것이다. 상위 50개 브랜드 중에는 구찌(31위)와

에르메스(32위)도 있다. 구씨의 경우 10년 전에는 50위였고, 에르메스는 순위권 밖이었다. 플랫폼 시대에 명품 브랜드들은 오히려 브랜드 가치가 더 높아졌다.

명품 브랜드 기업들은 코로나19로 인한 팬데믹에도 잘 견뎌내고 있다. 루이뷔통을 보유한 LVMH는 2020년 3월 주가가 287유로까지 떨어졌지만 11월에는 역대 최고인 487.40유로를 기록했다. 구찌와 생로랑을 보유한 케링도 3월에 비해 74.4%나 주가가 상승했고, 에르메스도 연초보다 26.22%나 상승해서 두 기업 모두 역대 가장 높은 주가를 기록했다.[15] 한국에서도 명품 브랜드 소비는 계속 늘어나고 있다. 2020년 6월 기준으로 롯데백화점과 신세계백화점의 매출은 전년 대비 각각 −2.1%, −1.0% 하락했지만, 명품 브랜드 매출은 오히려 24%, 39.6% 성장했다.[16]

명품 브랜드는 소비를 통해 높은 위상을 얻고자 하는 소비자들의 욕구를 충족해주는 하나의 수단이 되어 경제 불황과 코로나19에도 흔들림 없이 자신의 자리를 굳건히 지키고 있다. 그런데 위상을 높이기 위한 소비가 꼭 명품 브랜드를 말하는 것은 아니다. 예전에는 대부분 비싼 제품이 이를 상징하긴 했지만, 이제는 다양해진 라이프스타일만큼 그 기준과 분야가 넓어졌다.

타깃 고객의 문화를 파악하라

위상의 기준은 절대적이지 않다. 위상을 결정하는 것은 다른 사람들의 인정이다. 그래서 사람들이 속한 집단이나 문화에 따라 위상의 기준이 달라진다. 학구열이 높은 부모들 사이에서는 자식의 성적이 위상을 결정하지만 운동하는 자식을 둔 부모들에게는 자식의 운동 능력이 위상을 결정한다. 이렇듯 위상의 기준은 상대적이라 위상을 높여주는 브랜드도 사람들이 속한 집단이나 문화에 따라 다르다.

과거에는 관계를 쌓는 사람들이 직장이나 학교, 동네에서 만난 이웃처럼 추구하는 가치보다 물리적 거리가 가까운 사람들이 대부분이어서 위상에 대한 기준이 제각각이었다. 그래서 위상을 높이기 위해서는 모든 사람이 공통으로 인정하는 방법을 택해야 했다. 그것이 바로 돈이다. 다른 사람들이 사지 못하는 고가의 제품을 사는 것이 사람들에게 자신의 가치를 인정받을 수 있는 가장 효과적인 수단이었다. 하지만 지금 소비자의 삶은 그렇지 않다. 인터넷 발달로 물리적 거리의 제한이 사라지면서 비슷한 취향을 가진 사람들과 언제든지 쉽게 교류할 수 있게 되었다. 굳이 돈으로 가치를 인정받을 필요가 없어진 것이다. 물론 SNS에서는 여전히 부가 위상을 높여주는 하나의 수단으로 이용되고 있기는 하지만, 온라인에서 교류하는 사람들 사이에서 가치를 인정받는 수단은 돈이 아닌 경우가 많다.

한정판 운동화를 예로 들어보자. 최근 전 세계적으로 한정판 운동화를 거래하는 사람들이 많이 늘어났다. 2019년 기준으로 전 세계 운동화 리셀 시장 규모는 60억 달러로 추정되고,[17] 2030년이 되면 300억 달러 시장으로 성장할 것이라는 전망이 나왔다.[18] 한국에서도 네이버, 무신사, 롯데그룹 등이 운동화 리셀 시장에 뛰어들었다. 한정판 운동화에 관심 없는 사람들은 운동화가 어떻게 수십만 원에서 수

백만 원에 팔리는지, 심지어 그 가격에 사고 싶어도 못 구해서 안달인지, 도무지 이해가 안 될 것이다. 하지만 한정판 운동화를 수집하는 사람들에게는 그만한 혹은 그 이상의 가치가 있기 때문에 고가에 운동화가 거래되는 것이다. 특히 많은 사람들이 가치를 인정하고 희소성이 높은 운동화일수록 그 운동화를 가진 사람은 스스로에 대해 높은 만족감을 가지고 다른 사람들의 부러움까지 사게 된다. 운동화가 높은 위상을 부여해준 것이다.

온라인이 유사한 문화를 가진 사람들끼리 직접 교류할 수 있는 기회를 제공하면서 다양한 문화와 집단이 생겨났고, 위상의 기준도 이에 따라 달라져서 위상을 높일 수 있는 방법도 그만큼 다양해졌다. 어떤 집단에서는 한정판 운동화가 위상을 높여주고, 어떤 집단에서는 프라이탁이나 파타고니아와 같은 친환경 제품이 위상을 높여준다. 애플도 위상을 높여주는 대표적인 브랜드다. 애플의 이어폰인 에어팟은 10대 청소년들 사이에서 멋있다고 여겨져 인기가 많다. 게다가 다른 무선 이어폰보다 고가라 에어팟을 착용하면 자신의 가치를 높게 인식하게 된다. 애플의 에어팟은 이어폰에 불과하지만 10대 청소년들에게는 위상을 높여주는 하나의 수단인 것이다.

결국 중요한 것은 고객들이 속한 집단의 문화다. 특정 집단 안에서 높은 가치가 있는 것으로 여겨진다면 그 어떤 브랜드라도 위상을 높여주는 브랜드가 될 수 있다. 따라서 자신의 고객을 제대로 정의하고 이들의 문화를 잘 이해하는 브랜드가 되어야 한다.

누구나 갖고 싶지만, 누구나 살 수 있게 하지 마라

그렇다면 어떻게 하면 위상을 높이는 브랜드가 될 수 있을까? 누구나 가질 수 있는 것을 소유하는 것은 위상에 대한 욕구를 채울 수 없다. 위상을 높이는 데 가장 중요한 것은 희소성이다. 희소성은 기본적으로 제품의 수량과 관련 있지만, 수량보다 중요한 것은 구매의 어려움이다. 수량이 충분히 많아도 가격이 높으면 제품은 희소성을 가진다. 수량이 많고, 가격이 낮지만 사는 데 많은 노력이 필요한 경우에도 희소성이 생긴다. 맛집이라고 소문난 식당에서 밥을 먹으려면 몇 시간씩 줄을 서야 하는데, 오랜 대기 시간을 참고 기다리는 노력이 필요한 이런 식당들도 희소성을 가진다. 따라서 희소성은 제품을 소유하는 것이 소비자들에게 얼마나 어렵게 느껴지는지가 중요하다.

물론 희소하다고 해서 모든 제품이 위상을 높여주는 건 아니다. 아무리 희소한 제품이라도 원하는 사람이 없다면 소용없다. 핵심은 '가치 있는 희소성'이다. 그렇다면 브랜드의 가치는 어떻게 결정될까? 슈프림의 흰색 티셔츠가 100만 원이 넘는 가격에 팔리고, 나이키가 유명 디자이너와 협업해서 내놓은 운동화는 수백만 원에 거래된다. 무엇이 이들 제품의 가치를 만든 것일까? 디자인 가치가 높아서 이렇게 높은 가격에 거래되는 것일까? 꼭 그렇지는 않다. 가치는 객관적인 기준으로 결정되는 것이 아니라 사회 속에서 결정된다. 예술 작품을 생각해보자. 고가의 예술 작품이더라도 그 작품의 의미와 의도에 대한 지식이나 가격 정보를 가지고 있지 않은 사람은 작품의 가치를 가늠하기 어렵다. 하지만 많은 전문가가 그 작품을 높게 평가하면 사람들은 전문가들의 평가를 받아들임으로써 작품의 가치를 인식하게 된다. 사람들이 예술 작품에 관해 공부하는 이유도 예술 작품의 가치를 스스로 평가하기 어렵기 때문이다. 그래서 학습을 통해 작품이 높게 평가되는 이유를 배우는 것이다.

제품도 마찬가지다. 제품의 가치는 품질이나 성능만으로 결정되지 않는다. 그보다 중요한 것은 '누가 이 제품을 사용하고 누가 이 제품을 높게 평가하는가?'다. 만약 사회적 영향력이 큰 유명인이나 연예인이 특정 제품에 대해 높게 평가했다면, 그 제품은 사회적으로 높은 가치를 가지게 된다. 소비자의 위상을 높여주는 브랜드가 되기 위해서는 이런 원리를 이해해야 한다.

MZ세대에게 큰 인기를 얻고 있는 하이엔드 스트리트 패션 브랜드인 오프 화이트Off-White도 그런 경우다. 오프 화이트는 1천만 명(2021년 8월 기준)이 넘는 인스타그램 팔로워를 가진 브랜드로, 나이키와 컬래버레이션해서 출시한 나이키×오프 화이트 운동화가 수백만 원에 거래될 정도로 인기가 많다. 오프 화이트의 디자이너 버질 아블로Virgil Abloh는 힙합계에서 위상이 높은 카니예 웨스트와 제이지의 공동 앨범 〈Watch the Throne〉의 아트 디렉터를 하면서 이름을 알리기 시작했다. 그는 몇 년 뒤 오프 화이트라는 브랜드를 만들었고, 그가 만든 스트릿 웨어들이 유명 힙합 아티스트들과 패셔니스타들에게 선택되면서 높은 위상을 가진 브랜드가 되었다. 한국 스트리트 패션을 이끄는 국내 브랜드 디스이즈네버댓thisisneverthat®도 10대들이 열광하는 래퍼들이 애용하는 브랜드로 알려지면서 10대들에게 가장

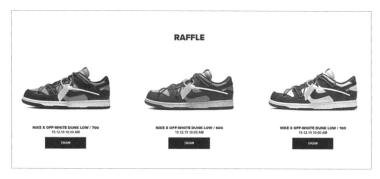

나이키와 오프 화이트가 컬래버레이션한 이 운동화는 한정판으로 출시되었다. 응모를 통해 판매했는데, 현재 리셀 시장에서 높은 가격에 거래되고 있다.

인기 있는 스트리트 패션 브랜드가 되었다.

　결국 가치를 만드는 것은 사람이다. 큰 영향력을 가진 사람의 '인정'이 중요하다. 위상을 높여주는 브랜드가 되기 위해서는 이런 사람을 타깃으로 해야 한다. 다른 사람들의 가치 판단에 영향을 줄 수 있는 사람을 타깃으로 삼고, 이들의 선호와 취향을 깊게 이해해 이들이 사용하고 자랑하고 싶은 제품을 만들어야 한다. 여기서 영향력을 가진 사람이란 연예인이나 운동선수를 브랜드의 홍보 대사로 사용하는 것을 말하는 것은 아니다. 소비자들도 이들이 돈을 받고 광고하고 있다는 것쯤은 잘 알고 있다. 오히려 이런 마케팅 활동은 가치를 만들어내기 어렵다. 중요한 것은 실제 사용자인지 아닌지다. 사회적 영향력을 가진 사람들이 실제로 사용하게 만들어야 한다. 이런 사람들이 굳이 유명인일 필요는 없다. 그 집단 안에서 영향력을 가진 사람이면 충분하다.

브랜드 유형 3: 소속감을 주는 브랜드

사람들은 자신과 비슷한 사람들을 만나고 그들과 의미 있는 관계를 맺고 싶어 한다. 서로가 서로에 속한다는 느낌은 인간이 건강하게 살아가기 위해 가장 필요한 감정 가운데 하나다. 소속에 대한 욕구는 주로 가족이나 사회단체를 통해 충족된다. 가족과 의미 있는 시간을 보내고, 학교나 직장, 종교 단체 등에서 만나는 사람들과 교류함으로써 나는 혼자가 아니며 누군가에게 받아들여지는 존재라고 느낀다. 그런데 요즘은 가족이나 사회단체를 통해 소속에 대한 욕구를 채우기가 점점 어려워지고 있다. 1인 가족이 많이 증가했고, 그렇지 않은 경우에도 가족 간의 교류는 점차 사라지고 있는 실정이다. 사회단체에서 만난 사람들도 가치관과 문화가 달라 소속에 대한 욕구를 만족시켜주기에는 한계가 있다. 게다가 스마트폰 사용으로 사람들 사이의 단절성도 높아졌다. 요즘은 스마트폰 하나만 있으면 굳이 밖에 나가지 않고도 삶에 필요한 모든 것을 구할 수 있다.

그러므로 지금 그 어느 때보다도 브랜드의 역할이 중요하다. 브랜드가 인간의 내면에 있는 소속에 대한 욕구를 제대로 만족시켜준다면 브랜드는 소비자들에게 대체 불가능한 브랜드가 될 것이다. 무엇보다 이런 욕구는 플랫폼이 채우기 어려우므로 플랫폼에 대항하는 좋은 브랜드 전략이 될 수 있다.

소속에 대한 욕구를 채우는 방법에는 두 가지가 있다. 하나는 자신이 특정 문화 집단에 속해 있다는 인식이다. BTS 팬은 BTS 노래를 듣고 그들의 영상을 찾아보는 것만으로도 자신이 거대 팬덤의 일원인 아미(BTS 팬클럽 이름)라고 느낀다. 직접 만나거나 교류하진 않았지만, 브랜드를 통해 공감대를 형성하면 특정 문화 집단에 속해 있다고 느껴져 소속에 대한 욕구를 채울 수 있다. 다른 하나는 직접적인 상호작용이다. 자동차 브랜드인 미니 쿠퍼의 팬들이 오프라인 모임을 통해 함께 운전하는 것처럼 사람들은 다른 사람들과 직접 만나 의미 있는 관계를 형성함으로써 서로가 서로에게 속한다는 느낌을 받는다. 브랜드는 매장을 통해 소비자에게 이런 교류의 기회를 제공할 수 있다. 매장에서 자신과 비슷한 사람들을 만나고 공감대를 형성함으로써 이들의 사회적 욕구를 채워주는 동시에 브랜드에 대한 애정을 높일 수 있다.

문화적 동질성이 중요하다

브랜드가 소비자에게 소속감을 주기 위해서는 고객들의 문화적 동질성이 가장 중요하다. 특정 브랜드 제품을 사거나 매장에 가는 사람들이 문화적으로 유사해야 소비자는 브랜드를 통해 자신의 정체성을 인식할 수 있다. 10대들에게 인기 있는 신발 브랜드인 반스를 보자. 반스는 1966년 미국 서던 캘리포니아 지역에서 반 도렌Van Doren 형제가 만든 브랜드다. 원래 스케이트보드용 신발을 만들려고 한 건 아니었지만 당시 그 지역의 스케이트 보더들에게 큰 인기를 얻으면서 스케이트보드용 신발을 만들기 시작했다. 스케이트보드는 젊은이들의 반항적이면서 자유로운 길거리 문화를 상징한다. 반스는 이러

반스는 스케이트 보더들과의 지속적인 협업을 통해 젊은이들의 자유로운 길거리 문화를 대표하는 브랜드가 되었다.

한 상징성을 브랜드의 정체성으로 삼고 유명 스케이트 보더들과의 협업을 통해 마케팅 활동을 하면서 미국 스케이트보드 문화를 대표하는 브랜드가 되었다. 그래서 반스 운동화를 신고 다니는 사람들 사이에는 문화적 동질성이 형성된다. 반스 운동화를 신고 다니는 것만으로도 자신이 반항적인 길거리 문화를 가진 커뮤니티의 일원처럼 느껴지고, 반스 운동화를 신은 사람을 보면 일종의 유대감을 느끼게 된다. 즉, 브랜드가 소비자의 소속에 대한 욕구를 만족시켜준 것이다.

반스만이 아니다. 고객들 사이에서 문화적 동질성이 높은 브랜드는 모두 소속에 대한 욕구를 채워준다. 애플, 테슬라, 파타고니아, 프라이탁, 나이키 조던, 컨버스와 같은 브랜드가 그렇다. 이런 브랜드를 선호하는 고객들은 인구통계학적으로 보면 다양하지만, 문화적인 차원에서는 상당한 유사성을 가진다. 애플과 테슬라의 고객은 혁신을 중요하게 생각하고 미래지향적이다. 파타고니아나 프라이탁의 고객은 자연과 환경 보호에 관심이 많다. 이런 문화적 동질성 때문에 브랜드의 팬은 서로에게 유대감을 느낄 수 있는 것이다.

애플과 삼성의 스마트폰을 비교하는 사람들이 많다. 제품의 성능을 비교하기도 하고 디자인을 비교하기도 한다. 그런데 애플과 삼성의 가장 큰 차이는 제품이 아니라 고객들의 문화적 동질성이다. 애플과 삼성 모두 품질과 디자인이 뛰어난 제품을 만드는 브랜드지만 고객에 있어서는 큰 차이가 있다. 미국에서 진행한 연구에 따르면 애플의 고객들은 혁신적인 것을 좋아하고, 외향적이며, 자신을 꾸미는 것에 관심이 많은 사람들이다.[19] 반면 삼성의 고객들은 문화적으로도 인구통계적으로도 다양하다. 그래서 애플은 소속에 대한 고객의 욕구를 만족시켜주지만, 삼성은 애플에 비해 소속에 대한 욕구를 채워주지 못하고 있다. 만약 브랜드가 소비자의 소속에 대한 욕구를 만족시켜주고자 한다면 고객들의 문화적 동질성을 높여야 한다.

많은 브랜드가 매출을 높이기 위해 다양한 층의 소비자를 공략한다. 고객 세그먼트segment에 따라 다른 제품을 개발하고, 가능한 많은 소비자를 고객으로 삼고자 한다. 고객을 다양한 항목으로 나누고 각각에 맞는 제품을 제공하는 것은 마케팅 전략의 가장 기본적인 내용이기도 하다. 하지만 한 브랜드가 여러 고객층을 공략할수록 브랜드 사용자의 문화적 동질성은 희석된다. 이런 브랜드는 인간의 소속 욕구를 만족시켜줄 수 없다. 모두를 위한 브랜드는 결국 그 누구를 위한 브랜드도 되지 못한다.

매장을 최대한 활용하라

브랜드가 소비자의 소속에 대한 욕구를 만족시키고자 할 때 매장은 중요한 역할을 한다. 일단 매장은 같은 브랜드에 관심 있는 다양한 사람을 만날 수 있는 곳이다. 매장을 방문하면 비슷한 취향을 가진 사람들을 쉽게 만날 수 있고 이들과 지속적인 관계를 맺음으로써 소속에 대한 욕구를 채울 수 있다.

원래부터 매장은 사람들이 가진 사회적 욕구를 만족시키는 중요한 수단이었다. 사람들은 동네 가게 주인에게서 동네에 대한 이런저런 소식을 들었고, 가게에서 동네 사람들을 만나 한참을 이야기하곤 했다. 구멍가게, 복덕방, 서점, 화장품 가게들이 모두 이런 역할을 했다. 특히 한국의 중년 여성들 사이에서는 화장품 가게가 중요한 역할을 했다. 사람들은 화장품 매장에 모여 삶에 대한 유용한 정보를 얻고, 동네 주민들의 소식을 듣거나 살아가는 이야기를 나누곤 했다. 아모레퍼시픽의 아리따움 매장의 전신이 바로 동네 화장품 가게다. 아모레퍼시픽이 작은 화장품 가게 주인들과 프렌차이즈 계약을 맺고 매장을 브랜드화한 것이 아리따움의 시작이다. 그런데 지금은 이런 사랑방 역할을 하는 매장을 찾기가 어렵다. 대부분의 매장들이 제품 판매만을 목적으로 하고 있어서 사람들의 사회적 욕구를 채워주지 못하고 있다.

그렇다고 해서 인간의 사회적 욕구가 줄어들거나 사라진 것은 아니다. 여전히 사람들은 자신과 비슷한 취향을 가진 사람들을 만나고 싶어 하고, 이들과 장기적이고 의미 있는 관계를 맺을 수 있는 기회를 원한다. 그래서 동호회에 가입하고, 교양 강좌를 듣고, 북클럽에 참여하는 등 오프라인 모임을 통해 비슷한 관심사를 공유할 수 있는 사람들을 만나려고 노력한다. 스마트폰과 코로나19로 사회적 관계가 더 단절되면서 친밀한 사회적 관계에 대한 욕구가 오히려 이전보다 더 많이 증가한 상태다.

온라인 시대에도 오프라인 매장은 여전히 사회적 공간으로서 큰 역할을 할 수 있다. 소속에 대한 욕구는 비슷한 가치를 추구하고 동일한 문화를 가진 사람들과의 직접적인 만남에서 채워지는데, 매장은 기본적으로 사람들이 다른 사람을 만날 수 있는 곳이다. 게다가 같은 매장에 왔다는 건 비슷한 선호와 취향을 가지고 있다는 의미이기도 하다. 그러므로 매장이 이들 사이에 교류할 수 있는 기회를 제공해준다면 예전처럼 소속에 대한 욕구를 채워주는 사회적 공간으로 돌아갈 수 있다.

실제로 고객들 사이에 높은 문화적 동질성을 가지며 많은 팬을 보유한 브랜드들 중에는 고객과 고객 사이에, 또는 고객과 브랜드 사이에 적극적인 상호작용의 기회를 제공하는 경우가 많다. 미국의 아웃도어용품 매장인 REI 협동조합과 애슬레져 브랜드 룰루레몬은 매장을 커뮤니티처럼 활용하는 걸로 유명하다. 사이클 의류 브랜드 라파Rapha도 좋은 사례다. 라파는 2004년 영국에서 만들어진 브랜드로, 브랜드 이름은 1960년대 프랑스 사이클 경주 팀의 이름에서 따왔다고 한다. 전 세계에 매장이 있는 글로벌 브랜드로 한국에도 매장이 있어서 사이클을 즐겨 타는 사람들 사이에서는 잘 알려진 브랜드

라파는 매장에서 단순히 제품만 판매하지 않는다. 라파 매장은 자전거를 타다가 잠시 들러 커피를 마실 수도 있고, 다양한 이벤트를 여는 등 사람들끼리 취향을 공유할 수 있는 하나의 커뮤니티 공간이라 할 수 있다.

다. 나도 오랜 기간 사이클을 타서 자전거 제조사나 의류, 액세서리 브랜드들에 대해 잘 알고 있는 편인데, 라파는 다른 브랜드와 다른 라파만의 중요한 차별점이 하나 있다. 바로 매장이다. 라파는 매장을 클럽하우스라고 부른다. 원래 클럽하우스는 골프장 회원들이 식사를 하거나 차를 마시는 등 쉴 수 있는 공간, 즉 휴게소 건물을 지칭하는 말이다. 라파 매장 안에는 카페가 있어서 자전거를 타다가 매장에 들러 커피와 케이크를 먹을 수 있고, 사이클 경기 생중계도 다른 사람들과 함께 볼 수 있다. 또한 다양한 이벤트를 매장 안에서 개최하는 등 제품 판매 공간이라기보다는 사이클을 타는 사람들을 위한 커뮤니티 공간처럼 사용한다.

그렇다고 해서 매장 안에 카페를 만들라는 말은 아니다. 라파 비즈니스 모델의 핵심은 회원 공동체를 만드는 것이다. 회원 공동체를 만들기 위해 매장을 클럽하우스로 운영하는 것이지, 단순히 매장의 인테리어를 클럽하우스 느낌으로 바꾼다고 해서 커뮤니티 공간이 될 수는 없다. 라파는 회원들이 서로 만나고 교류함으로써 서로에게 유대감을 느끼게 되는 것을 중요하게 여긴다. 그래서 회원들이 함께 모여 자전거 라이딩을 하게 하고, 저녁 모임 이벤트로 매장을 활용한다. 전 세계 회원들이 다 같이 모여 며칠 동안 함께 자전거 여행을 할 수 있는 여행 이벤트도 개최한다. 2019년에는 스페인 마요르카섬, 2018년에는 대만에서 자전거 여행 이벤트를 했다.

라파는 라파 회원으로서의 행동 강령도 있다. 이 행동 강령에는 길에서 만나는 다른 라이더에게 인사하기, 넘어진 사람을 돕기 등이 있다. 라파 회원들은 이를 숙지함으로써 라파라는 브랜드에 대한 정체성을 인식하고 서로 간의 유대감을 형성한다. 라파가 추구하는 브랜드 정체성으로 라파 회원들은 라파를 통해 소속에 대한 욕구를 채운다. 그리고 이들은 누가 시키지 않아도 스스로 브랜드 앰배서더 ambassador(브랜드를 홍보하는 사람)가 되어 라파라는 브랜드를 널리 알리고 있다.

이처럼 매장이 사회적 욕구를 만족시켜주면 사람들은 매장에 가는 것을 즐겁게 생각한다. 또한 브랜드를 상업적인 대상이 아닌 나를 위한 존재라 여겨 브랜드의 팬이 된다. 이러한 매장의 역할은 온라인 플랫폼은 할 수 없다. 온라인 플랫폼은 모든 사람을 타깃으로 하고 있어서 고객들 사이에 문화적 동질성을 가지기 어렵고 사람들에게 직접적인 교류의 기회를 제공하기도 어렵다. 아마존이나 쿠팡이 유료 회원제를 운영하고 있지만, 플랫폼 회원들은 혜택(예를 들어 빠른 배송과 OTT 서비스 등)을 받기 위해 회원이 되는 것일 뿐, 브랜드에 소속감을 느끼지는 않는다. 그러니 회원들 간의 유대감도 형성될 수 없다. 이와 달리 특정 소비자층을 타깃으로 하는 브랜드는 고객들이 서로에게 유대감을 가지고 공동체를 형성하도록 만들 수 있다. 그러므로 사회적 욕구를 만족시켜주는 브랜드 전략이야말로 거대 플랫폼에 맞설 수 있는 최고의 무기다.

브랜드 유형 4: 선택을 쉽게 해주는 브랜드

유통업체는 고객에게 제공하는 선택지가 많으면 많을수록 좋다고 생각한다. 그래서 매장을 대형화하고 더 많은 제품을 갖추기 위해 경쟁한다. 마케팅 연구자료들도 이를 뒷받침해준다. 여러 연구에서 소비자들이 제품의 다양성을 매장을 선택하는 중요 기준으로 꼽는다고 했다. 심지어 제품의 다양성으로 매장을 방문하는 고객의 수를 예측할 수 있다는 연구 결과도 있다.[20] 지난 수십 년간 대형마트들이 점점 더 대형화해온 이유도 더 많은 제품을 구비하고 판매하기 위해서였다. 하지만 대형마트가 가졌던 다양성이라는 무기는 온라인 플랫폼의 등장과 함께 한순간에 무너져버렸다. 한국의 대표 대형마트인

이마트가 판매하는 제품 수는 약 3만 개 정도로 알려져 있다. 10년 전이라면 단일 유통업체가 3만 개나 되는 제품을 판매한다는 것은 엄청난 일이라고 생각할 것이다. 하지만 쿠팡이 판매 중인 제품 수는 500만 개에 달하며 아마존이 판매하는 제품 수는 무려 3억 개에 이른다. 대형마트가 '대형'이라고 부르는 것이 무색하게 느껴질 정도다. 대형마트나 이보다 작은 규모의 유통 매장과 브랜드 매장들이 제품의 다양성 측면에서 온라인 플랫폼과 경쟁하는 것은 불가능한 일이다. 하지만 그렇다고 해서 제조사나 유통업체들이 플랫폼보다 절대적으로 불리한 위치에 있다고 볼 필요는 없다. 많은 것이 반드시 좋은 것은 아니기 때문이다.

그동안 많은 소비자가 매장을 선택할 때 다양성을 중요하게 여겼던 이유는 매장들이 소비자가 원하는 수준의 충분한 다양성을 갖추지 못해서였다. 오프라인 매장들이 작은 규모로 존재할 때에는 한 매장에서 소비자가 원하는 제품을 다 찾지 못하는 일이 자주 있었다. 소비자들은 자신이 원하는 제품을 찾기 위해 여러 매장을 돌아다녀야 했고, 이런 시절이었기에 제품의 다양성이 소비자에게 큰 가치를 가졌다. 당연히 소비자들은 더 많은 제품을 갖춘 매장에 매력을 느끼게 되고, 제품을 사지 않더라도 매장에 구비된 수많은 제품을 구경하며 비교해보는 것만으로도 즐거움을 느꼈다. 주말에 대형마트나 쇼핑몰에 가서 다양한 제품을 보는 것이 사람들에게 하나의 여가 생활이 되기도 했다.

하지만 제품의 다양성이 즐거움을 주던 시기도 이제 서서히 그

끝이 보이기 시작한다. 제품이 필요 이상으로 너무 많아졌기 때문이다. 제품의 품질이나 성능이 일정 수준을 넘어서면 제품 간 차이를 인식하기 어려운 것처럼 제품의 다양성도 일정 수준을 넘어서면 가치를 잃게 된다. 오히려 너무 많은 선택지로 인해 불편함을 느낄 뿐이다. 게다가 인간은 자신이 처한 상황에 통제력을 가지고 싶어 해 자신에게 주어진 정보가 너무 많고, 그 정보들이 쉽게 처리되거나 이해되지 않으면 불안감을 느낀다. 이렇게 불안감을 느낀 사람들은 자신이 통제할 수 있는 대상에서 편안함을 찾으려고 한다. 이런 소비자에게 너무 많은 선택지를 주는 것은 좋지 않다. 무엇을 선택해야 할지 결정하지 못하고 선택에 어려움을 느끼는 소비자들은 선택을 쉽게 해주는 브랜드를 원한다.

선택지를 너무 많이 주지 마라

이는 창고형 매장인 코스트코나 미국에서 가장 강한 팬덤을 보유한 슈퍼마켓인 트레이더 조의 성공에서 확인할 수 있다. 이들 매장은 취급하는 제품의 종류가 많지 않다. 대신 고객의 취향에 잘 맞는 제품들만 엄선해서 판매한다. 코스트코나 트레이더 조를 이용하는 고객들은 비슷한 제품을 아마존에서 더 저렴한 가격에 살 수 있음에도 여전히 매장에 직접 방문해서 제품을 산다. 고객들은 매장에서 선택의 편안함을 느끼고, 매장이 개인의 취향을 잘 이해하고 있다고 생각한다. 이 때문에 온라인 플랫폼이 아무리 많은 제품을 저렴하게 판매해도 오프라인 매장에 가는 것이다.

한국에서는 29CM라는 곳이 좋은 예다. 29CM는 의류, 화장품, 전자제품, 가구, 생활용품 등을 판매하는 온라인 쇼핑몰이지만 오프라인 매장도 운영한다. 29CM가 다른 쇼핑몰과 구분되는 가장 큰 차이는 많은 제품을 판매하는 것이 아니라 29CM에서 엄선한 제품들만 판매한다는 점이다. 판매하는 제품의 품목 수나 브랜드 종류가 많지 않은 대신 뮤지션이나 아티스트들을 인터뷰해서 이들이 직접 추천하는 제품을 소개하는 등 판매하는 모든 제품에 대해 세세한 정보와 리뷰를 제공한다. 사실 편집숍은 다양한 제품을 판매하는 쿠팡이나 네이버쇼핑에 밀려 경쟁력을 가지기 어렵다고 생각하기 쉽다. 하지만 그렇지 않다. 이들이 엄선한 제품에 대한 만족도가 높은 고객들은 브랜드의 팬이 되어 실제로 매장에 방문하는 비율이나 체류 시간, 그리고 재구매율이 높다. 이들이 선별한 제품이 취향에 맞지 않는

29CM는 온라인 플랫폼이지만 다른 플랫폼들과 다르게 많은 제품을 판매하지는 않는다. 29CM는 온라인 버전의 편집숍에 가깝다.

사람들도 있겠지만, 자신의 취향과 잘 맞는다고 느끼는 사람들에게 는 절대로 대체될 수 없는 매장이다. 내 수업을 듣는 학생들 중에도 29CM를 가장 좋아하는 브랜드로 꼽는 학생들이 꽤 있다. 이들은 수 시로 29CM의 웹사이트를 구경하고, 거의 모든 제품을 이곳에서 산 다. 29CM는 플랫폼 시대에 사람들의 취향을 이해하고 이들의 선택 을 도와주는 것이 브랜드의 팬을 만드는 데 얼마나 중요한지를 잘 보 여준다.

삶에서 통제감을 느끼는 것은 인간에게 정신적으로도 신체적으 로도 매우 중요하다. 가족이나 직장, 사회적 관계에서 통제감을 느끼 지 못하는 사람일수록 개인적 삶에서 통제감을 회복하고 싶어 한다. 특히 이런 사람들은 소비에서 통제감을 느끼고 싶어 하는 강한 욕구 가 있는데, 소비라는 행동은 자신이 원하는 것을 스스로 선택하는, 지극히 개인적인 일이기 때문이다. 이들처럼 개인적 삶에서 통제감 을 느끼고 싶어 하는 사람들에게는 많은 선택지는 오히려 해가 된다. 이들은 선택의 어려움을 줄여주는 브랜드를 찾고, 그런 브랜드를 찾 았을 때 크게 의존한다. 그러므로 선택을 쉽게 해주는 브랜드야말로 제품의 다양성을 무기로 내세우는 거대 플랫폼에 대항할 수 있는 중 요한 브랜드 전략이다.

물론 거대 플랫폼도 소비자가 선택의 어려움을 겪지 않도록 추 천 알고리즘을 사용한다. 고객의 구매 행동을 통해 고객이 좋아할 만 한 제품을 추천하는 것이다. 하지만 플랫폼의 추천 알고리즘은 한계 가 있다. 개별 소비자의 선호를 반영해서 제품을 추천하더라도 플랫폼에는 여전히 수많은 제품이 함께 보여 소비자 입장에서는 추천을 받았지만, 플랫폼이 자신만을 위한 곳이라고 생각하기 어렵다. 더구나 플랫폼은 광고가 주요 수익 창출 모델이라 플랫폼 첫 화면은 대부분 광고 제품들이다. 기본적으로 플랫폼에 접속하는 소비자들은 자신의 선호나 취향에 관계없이 수많은 제품에 노출될 수밖에 없다.

큐레이션 능력을 키워라

소비자의 선택을 쉽게 해주기 위해서는 소비자가 좋아할 만한 것을 선별해서 보여주는 큐레이션 능력이 필요하다. 큐레이션이란 박물관이나 미술관 등에서 전시할 작품을 선택하고 배치하며 관리하는 것을 말한다. 이러한 일을 하는 사람을 큐레이터라고 하는데, 이 큐레이터의 능력에 따라 박물관과 미술관의 가치가 달라진다. 그만큼 큐레이터는 전시 운영에 핵심적인 역할을 한다. 거대 플랫폼 시대에 브랜드가 대체되지 않기 위해서 가장 필요한 것이 이 큐레이션 능력이다. 플랫폼은 모든 소비자를 타깃으로 삼고 제품을 판매하는 곳이므로 소비자가 선택의 어려움을 느낄 수 있다. 이런 플랫폼에 대항할 수 있는 브랜드가 되기 위해서는 제시하는 모든 제품이 타깃 소비자의 취향에 맞게 잘 선택되어야 한다.

브랜드가 높은 큐레이션 능력을 갖추면 품질이나 성능이 뛰어나지 않은 제품을 가지고도 높은 경쟁력을 가질 수 있다. 예를 들어 트레이더 조가 판매하는 제품 수는 4천 개 정도로 대형마트의 10분의 1 수준이다. 하지만 트레이더 조가 판매하는 제품들은 고객의 취

트레이더 조 매장 내부 모습이다. 대형마트에 비해 구비해 놓은 제품 수는 많지 않지만 매장을 찾는 고객들의 취향에 잘 맞고 독자적인 제품이 많다.

향에 잘 맞는 것으로 유명하다. 트레이더 조는 기본적으로 새로운 제품을 선보일 때 고객에게 샘플을 미리 제공해 고객 반응을 살핀다. 이때 반응이 좋으면 제품으로 출시하고, 그렇지 않으면 출시를 포기한다. 이미 출시된 제품들 중에서도 매출이 높지 않은 제품은 신속히 매장에서 빼고 다른 제품으로 대체한다. 판매하는 제품의 수는 적지만 고객의 취향에 잘 맞는 제품으로 매장을 구성하려고 노력한다. 그렇다 보니 트레이더 조의 고객들은 이 매장이 자신의 취향을 잘 이해하고 자신만을 위한 매장이라는 느낌을 받는다. 사실 트레이더 조가 판매하는 제품들이 품질에서 다른 대형마트에서 판매하는 유명 브랜드 제품보다 우수하다고 말하기는 어렵다. 하지만 고객 취향에 잘 맞고 독자적인 제품이 많아 많은 소비자가 트레이더 조를 좋아한다.

넷플릭스도 마찬가지다. 넷플릭스의 오리지널 시리즈들 중에는 좋은 작품도 있지만, 완성도가 낮은 작품들도 많다. 하지만 넷플릭스는 이용자들의 취향에 맞게 작품 리스트를 구성하고 추천해주면서 크게 성공할 수 있었다. 이처럼 큐레이션 능력을 잘 갖추면 제품의 품질이나 성능이 아주 뛰어나지 않더라도 고객을 만족시킬 수 있다.

플랫폼에 대항하는 브랜드가 되라

플랫폼에 대항력을 가진 브랜드에는 제조사 브랜드도 있고 유통 채널 브랜드도 있다. 이들 브랜드 유형은 상호 배타적이지 않다. 즉, 하나의 브랜드가 여러 유형에 해당할 수 있으며, 실제로 그런 브랜드일수록 플랫폼에 높은 대항력을 가진다. 파타고니아의 경우 나만을 위한 브랜드이면서 위상을 높여주고 소속감을 주는 브랜드다. 29CM도 선택을 쉽게 해주는 동시에 나만을 위한 브랜드이기도 하다.

플랫폼 시대에 어려움을 겪는 브랜드들은 대부분 이 중 어느 유형에도 속하지 못한다. 그렇기 때문에 소비자의 브랜드 의존도가 낮고 많은 소비자에게 쉽게 대체될 수 있는 브랜드로 인식되어 거대 플랫폼에 대한 브랜드 대항력이 없다. 다른 브랜드에 의해 쉽게 대체될 수 있는 더미 브랜드인 것이다. 브랜드가 플랫폼에 대항력을 갖추기 위해서는 대체 불가능한 브랜드가 되어야 한다. 이 책에서 제시한 네 가지 유형 중 어느 하나의 유형이라도 성공적으로 이뤄낸다면 아무리 플랫폼이 거대화되어도 대체 불가능한 브랜드가 되어 플랫폼 제

플랫폼에 대항력을 가진 네 가지 브랜드 유형

나만을 위한
브랜드

위상을 높여주는
브랜드

소속감을 주는
브랜드

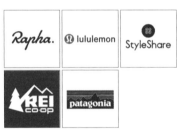

선택을 쉽게 해주는
브랜드

국에서 살아남는 브랜드가 될 수 있다.

네 가지 브랜드 유형에 도달하는 방법은 브랜드마다 다르지만, 중요한 것은 소비자의 근원적 욕구를 깊게 이해하고, 거대 플랫폼이 만족시키기 어려운 인간 내면의 욕구를 파고드는 것이다. 소비자가 가진 심리적 욕구를 정확히 파악하고 이를 제대로 만족시켜주는 브랜드만이 대체 불가능한 브랜드가 될 수 있다. 그리고 이런 브랜드 전략이야말로 거대 플랫폼에 대항할 수 있는 유일한 방법이다.

CHAPTER 5

•

플랫폼을 이기는
브랜드 채널 전략

디지털 채널 전략의
여섯 가지 원칙

지금까지 플랫폼에 대항력을 가진 브랜드 유형에 대해 살펴봤다. 브랜드는 이들 중에서 하나를 목표로 할 수도 있고, 여러 가지 유형을 목표로 할 수도 있다. 중요한 것은 브랜드의 최종적인 지향점을 스스로 명확하게 설정하는 것이다. 브랜드가 추구하는 브랜드 유형이 결정되면 다음 단계는 브랜드가 소비자에게 제공하는 모든 것을 이에 맞게 설계해야 한다. 브랜드가 소비자들에게 자신들이 원하는 유형으로 인식되기 위해서는 브랜드가 제공하는 모든 것(제품, 광고와 프로모션, 운영 방식, 채널 등)이 일관성을 가지고 브랜드의 지향점에 맞춰 디자인되어야 한다. 제품이나 운영 방식 등과 관련해서는 《노 브랜드 시대의 브랜드 전략》에서 충분히 설명했기 때문에 이 책에서는 채널 전략을 집중적으로 소개하고자 한다.

거대 플랫폼이건 브랜드의 자체 채널이건 디지털 채널의 목표는 동일하다. 많은 소비자를 채널로 유입시켜서 이들이 채널에 관심을 가지고 자주 방문하도록 해서 최종적으로는 제품을 사게 만드는 것이다.

1. 정보의 충분성: 고객이 필요로 하는
가치 있는 정보를 제공하라

디지털 채널의 가장 큰 단점은 소비자가 구매하기 전에 제품을 직접 보기 어렵다는 점이다. 제품을 직접 보지 않고 사는 경우, 제품의 색상이나 질감이 마음에 들지 않을 수도 있고, 의류나 신발은 사이즈가 맞지 않을 수도 있다. 신선식품은 사진에서 봤던 제품과 받은 제품이 크게 다른 경우도 있다. 이는 디지털 채널이 가진 근본적인 한계다. 하지만 이런 단점들이 존재한다고 해서 소비자가 온라인 구매를 하지 않는 것은 아니다. 디지털 채널은 소비자에게 낮은 가격과 다양한 혜택을 제공해주므로 소비자들은 이런 단점이 있어도 온라인으로 구매하길 원한다. 그들은 자신이 잘못된 구매를 할 가능성, 즉 구매 위험을 줄이고 싶을 뿐이다.

소비자들이 지각하는 구매 위험을 줄이는 데 가장 중요한 역할을 하는 것은 사용자 리뷰다. 사용자 리뷰는 다양한 소비자가 제품을 실제로 받아보고 적기 때문에 제품의 품질과 상태에 대한 객관적인 정보를 얻을 수 있다. 사용자 리뷰를 통해 소비자는 자신이 원하는 제품이 맞는지 판단할 수 있고 이는 구매로 이어질 가능성이 크다. 그래서 온라인 구매를 하는 소비자들은 사용자 리뷰를 통해 제품에 대한 충분한 정보를 얻을 수 있는 채널을 선호한다. 거대 플랫폼들이 사용자들에게 많은 금전적 혜택을 제공하면서 리뷰 관리에 노력을 기울이는 것도 이 때문이다.

흩어진 리뷰 모으기

브랜드가 거대 플랫폼 수준으로 사용자 리뷰를 모으는 것은 불가능하다고 생각할지도 모른다. 하지만 사용자 리뷰가 플랫폼처럼 많아야 하는 것은 아니다. 소비자들은 모든 사용자 리뷰를 다 읽지 않는다. 중요한 것은 소비자가 생각하기에 충분히 많다고 생각되는 수준이다. 가령, 어떤 제품에 달린 300개의 사용자 리뷰가 그 제품을 구매하고자 하는 소비자들에게 충분히 많다고 생각된다면, 사용자 리뷰가 300개건 3천 개건 소비자 입장에서는 큰 차이가 없다. 문제는 많은 사업자가 소비자에게 충분히 많다고 인식되는 수준의 리뷰조차도 제대로 모으고 관리하지 않는다는 것이다. 게다가 제품 리뷰가 여러 디지털 채널에 흩어져 있는 경우가 많다. 채널별로 흩어져 있는 사용자 리뷰를 한 곳으로만 모아도 브랜드는 충분한 양의 사용자 리뷰를 축적할 수 있을 것이다.

　이런 측면에서 좋은 본보기가 되는 것은 나이키닷컴(미국 사이트)이다. 나이키닷컴에 가면 제품마다 많은 사용자 리뷰가 달린 것을 볼 수 있다. 그런데 리뷰들을 자세히 살펴보면 리뷰의 출처가 다양하다는 것을 알 수 있다. 나이키닷컴에서 직접 작성된 사용자 리뷰도 있지만, 풋 락커Foot Locker, 피니시 라인Finish Line, 챔프스 스포츠Champs Sports, 히벳 스포츠Hibbett Sports 등 나이키 제품을 유통하는 여러 유통업체에서 작성된 리뷰들도 많다. 나이키는 자신들이 제품을 공급하는 유통업체의 리뷰들을 브랜드 자체 채널인 나이키닷컴에 통합해서 보여주고 있는 것이다. 물론 나이키가 일방적으로 유통업체의 리뷰를 가져오는 것은 아니다. 이들 유통업체의 채널에도 나이키닷컴에서 작성된 리뷰가 있다. 즉, 나이키는 자신과 협력 관계에 있는 유통업체들과 서로 사용자 리뷰를 공유함으로써 각자의 플랫폼 대항력을 높이고 있다.

하지만 한국의 제조사나 유통업체들 중에서 이런 노력을 하는 곳은 찾아보기 어렵다. 제조사 브랜드 제품의 사용자 리뷰는 제조사의 자체 채널과 다양한 유통업체, 플랫폼에 모두 흩어져 있다. 대형 유통업체도 동일 제품임에도 자사 채널에 따라 사용자 리뷰가 별도로 모인다. 이런 방식으로는 거대 플랫폼의 방대한 사용자 리뷰에 대항할 수 없다. 많은 소비자를 브랜드의 자체 채널로 유입시키기 위해서는 가장 먼저 흩어져 있는 사용자 리뷰를 모아야 한다.

양보다 중요한 건 질

미국에 거주했을 때는 주로 아마존을 이용해서 쇼핑을 했다. 아마존에서 쇼핑할 때 큰 도움이 되었던 건 아마존이 제공하는 사용자 리뷰였다. 그런데 한국에 돌아온 후 국내 플랫폼에서 제품을 주문하다가 사용자 리뷰를 보고 깜짝 놀랐다. 거의 모든 리뷰가 '배송이 빨라요'였기 때문이다. 당시 한국 플랫폼들은 사용자 리뷰를 쉽게 늘리기 위해 간단한 응답 버튼을 제공했는데, 소비자가 몇 개의 응답 선택지 중 '배송이 빨라요'를 눌러 리뷰가 자동 등록되었던 것이다. 이런 사용자 리뷰는 양이 아무리 많아도 소비자의 구매 의사결정에 별 도움이 되지 않는다.

디지털 채널에서 사용자 리뷰가 중요한 이유는 제품을 직접 보지 않고 구매해야 하는 소비자들의 의사결정을 돕기 위해서다. 때문에 이런 사용자 리뷰는 아무리 양이 많아도 디지털 채널 활성화에 아무런 도움이 되지 않는다. 사용자 리뷰가 소비자를 유입시키는 데 도움이 되기 위해서는 소비자의 의사결정에 도움이 되는 정보를 담아낼 수 있도록 리뷰 시스템을 디자인하고 지속적으로 리뷰 내용을 관리해야 한다. 즉, 정보의 가치를 높이는 것이 사용자 리뷰 시스템의 핵심이다.

정보의 가치 측면에서 사용자 리뷰를 가장 잘 관리하는 곳 가운데 하나가 의류 플랫폼인 무신사다. 무신사의 디지털 채널은 사용자 경험이 좋다고 말하기는 어렵다. 제품의 검색 경험이나 나열 측면에서 아마존이나 쿠팡, 네이버와 같은 고도화된 알고리즘을 사용하는 플랫폼에 비해 크게 뒤처져 있다. 하지만 정보의 가치 측면에서는 단연 한국 최고라고 할 수 있다. 무신사에서 제품을 산 소비자는 네 가지 다른 리뷰를 작성할 수 있는데, 적립금이 가장 낮은 것은 '사이즈

무신사의 리뷰 방식은 적립금별로 네 가지가 있다. 네 가지 리뷰를 모두 작성하면 3,600원의 적립금을 받을 수 있다. 이런 시스템 덕분에 무신사에는 다양한 형태의 리뷰가 쌓이게 된다.

추천(100원)'이다. 구매자는 자신의 키와 몸무게를 입력하고, 사이즈가 작은지, 적당한지, 큰지만 알려주면 된다. 버튼을 몇 번 클릭하면 끝날 정도로 간단하다. 그다음으로 '일반 후기'다. 사진 없이 글로만 작성하는 것으로 20자 이상만 작성하면 500원을 준다. 제품 사진을 추가한 '사진 후기'는 1천 원이고, 제품을 착용한 자신의 전체 모습을 사진으로 올리는 '스타일 후기'는 무려 2천 원의 적립금을 준다.

이처럼 무신사는 사용자 리뷰 종류를 네 가지로 구분하고, 적립금 규모도 차등화해 모든 구매자가 자신이 원하는 수준의 사용자 리뷰를 쉽게 작성할 수 있도록 시스템을 만들었다. 덕분에 무신사에 방문하면 다른 사람들이 제품을 직접 착용한 사진을 볼 수 있고, 다양한 각도와 환경에서 촬영된 제품 사진들이 수없이 많으며, 사이즈 정보도 쉽게 얻을 수 있다. 의류의 경우 사이즈와 핏, 취향 등의 문제로 온라인 구매에 위험을 느끼는 소비자가 많은데 무신사는 이런 소비자의 위험을 다양한 사용자 리뷰로 해결함으로써 많은 소비자를 유입시켰다. 의류는 아마존도 성공하지 못한 분야다. 무신사는 진일보된 사용자 리뷰 시스템을 통해 아마존도 못한 일을 해낸 것이다.

무신사의 사용자 리뷰 시스템과 자신의 디지털 채널의 리뷰 시스템을 비교해보라. 자사 채널에 문제가 있다는 것을 알게 될 것이다. 사용자 리뷰가 많지 않을뿐더러 리뷰 내용도 다른 소비자들이 구매 결정을 내리는 데 도움이 되는 정보가 충분하지 않을 것이다. 이런 리뷰 시스템으로 많은 소비자가 브랜드 자체 채널에 들어오길 바라는 것은 헛된 욕심이다. 디지털 채널을 활성화하고 싶다면 먼저 사용자 리뷰 시스템을 전략적으로 설계하고 철저하게 관리해야 한다.

2. 가격의 신뢰성: 가격은 절대 흔들려서는 안 된다

디지털 채널을 활성화하려는 브랜드에게 가장 어려운 문제는 가격이다. 거대 플랫폼은 판매자들 간의 경쟁을 유도해서 제품의 판매 가격을 낮춘다. 한 명의 판매자가 늘 최저 가격에 제품을 판매하는 것은 불가능하지만, 복수의 판매자가 존재하므로 이들이 각기 다른 시점에 최저 가격을 제시하면 플랫폼으로서는 늘 최저 가격에 제품을 판매할 수 있다. 하지만 제조사나 유통업체는 단일 사업자라 일시적으로는 최저 가격에 제품을 판매할 수는 있어도 계속해서 모든 제품을 최저 가격에 판매할 수는 없다. 그렇다 보니 브랜드 채널이 플랫폼과 가격으로 경쟁하는 것은 불가능한 일이다. 브랜드는 최저 가격에 판매하지 않아도 소비자를 유입시킬 수 있는 방법을 찾아야 한다.

최저 가격을 부정적 신호로 만들어라

제품의 가격을 붕괴시키는 데 가장 큰 역할을 하는 것은 오픈마켓에 있는 리셀러들이다. 이들은 제조사도 파악하지 못하는 경로로 제품을 받아서 최저 가격에 제품을 판매한다. 또한 플랫폼에 갑자기 나타났다가 사라지기도 하고, 상호를 바꿔가며 정체를 숨기기도 한다. 제조사들이 아무리 노력해도 통제하기 어려운 것이 한국 유통 시장의 수많은 리셀러며, 이들이 제품의 시장 가격을 무너뜨리는 가장 큰 문제다. 물론 모든 리셀러가 그런 건 아니다. 그들 중에는 정직하고 제조사에 협력적인 리셀러들도 많다. 문제가 되는 것은 불법적인 경로로 제품을 구해서 비정상적인 가격에 판매하거나 심지어 가짜 제품을 판매하는 리셀러들이다. 정상적인 판매자들과 이런 리셀러를 구분하기 위해서 이 책에서는 이들을 '악성 리셀러'라 칭하겠다.

악성 리셀러를 통한 거래에는 다양한 위험이 존재한다. 제품에 하자가 있는 경우도 있고, 정품이 아닌 가짜 제품을 판매하는 판매자들도 많다. 소비자에게 돈만 받고 사라지는 리셀러들도 있다. 플랫폼의 오픈마켓으로 제품을 판매하면 플랫폼의 공식 연락인 것처럼 가장할 수 있어 통장으로 돈을 입금받은 후 제품을 보내지 않는 식이다. 2020년 10월경부터 플랫폼의 오픈마켓 제품에 "판매자가 현금거래를 요구하면 거부하시고 즉시 사기 거래 신고센터에 신고하시기 바랍니다"라는 문구가 갑자기 등장했는데, 이는 이런 방식의 사기가 많아졌기 때문이다.

문제는 거대 플랫폼들이 소비자들에게 이런 위험을 잘 인식하지 못하도록 만들고 있다는 점이다. 카탈로그 방식에서는 신용도가 전혀 없는 리셀러도 최저 가격만 제시하면 카탈로그 전체를 차지할 수 있다. 네이버의 스마트스토어는 리셀러들에게 번듯한 스토어를 만들어주고, 소비자들에게 리셀러를 평가하지 않게 함으로써 모든 리셀러가 믿을 수 있는 판매자인 것처럼 느껴지게 만든다. 그래서 소비자들은 가짜 제품을 판매하는 리셀러와 정상적인 리셀러를 구분하기 어렵다. 실제로 네이버 스마트스토어에는 가짜 나이키 운동화를 판매하는 리셀러가 많다.

많은 제조사는 가격 관리를 위해서 이런 악성 리셀러들을 없애고 싶어 한다. 하지만 이는 현실적으로 어렵다. 나이키도 아마존 오픈마켓의 악성 리셀러들을 모두 없애지 못했다. 그런데 가격을 관리하기 위해서 반드시 악성 리셀러를 모두 없애야 하는 것은 아니다. 소비자들에게 리셀러를 통한 거래가 위험하다는 인식을 심어주면 이들을 없애지 않고도 가격 붕괴를 막을 수 있다.

제조사와 유통업체는 악성 리셀러 거래의 위험성을 소비자에게 인식시킬 수 있는 방법이 있다. 바로 가격이다. 제조사와 유통업체, 그리고 판매자가 제품의 판매 가격을 일치시키면 소비자들은 제품의 정상적인 유통 가격에 대한 인식이 생긴다. 그렇게 되면 악성 리셀러들의 낮은 판매 가격을 비정상적인 판매 가격이라고 인식하게 되고, 이들이 최저 가격을 제시해도 이들과의 거래를 피하게 된다. 실제로 미국에서 나이키가 이런 전략을 사용하고 있다. 나이키는 나이키닷컴, 오프라인 매장, 그리고 풋락커나 딕스와 같은 협력 관계에 있는 모든 유통업체에서 동일한 가격에 운동화를 판매한다. 나이키닷컴에서 할인을 하면 다른 매장에서도 동일한 할인율이 적용된다. 이렇게 제조사와 유통업체가 가격만 일치시켜도 소비자들이 리셀러의 비정상적인 낮은 판매 가격에 현혹되지 않고 이를 위험한 거래라고 인식하는 데 도움이 된다. 이러한 가격 시스템은 제조사와 유통업체의 디지털 채널에 대한 직접 방문율까지 증가시킨다.

현재 한국의 유통 시장은 제조사와 유통업체들이 같은 제품을 각기 다른 가격에 판매하고 있다. 심지어 제조사가 운영하는 다양한 디지털 채널의 판매 가격도 제각각이고 유통업체가 보유한 여러 채널의 제품 가격도 다 다르다. 백화점조차 지점마다 판매 가격이 다를 때가 있다. 이렇게 같은 제품인데 채널마다 다른 가격을 제시하면 소비자는 어떤 가격이 정상적인 판매 가격인지 인식하기 어렵다. 그러므로 제조사와 유통업체는 동일한 가격에 제품을 판매하기 위해 노력해야 한다.

직매입 방식으로 운영하는 플랫폼에서의 판매 가격도 일치시켜야 하고, 오픈마켓 리셀러 중에서도 규모가 크고 협조적인 판매자들은 협력 업체로 포용해서 함께 가격 관리를 해야 한다. 이때 제품의 판매 가격뿐 아니라 할인율도 동일하게 적용해야만 가격의 신뢰성이 생긴다. 제조사가 할인을 하면, 유통업체도 동일한 할인율을 적용해서 판매하고, 유통업체가 할인할 때는 제조사도 함께 할인을 해서 제품 가격의 싱크로율을 높여야 한다. 그래야 소비자들은 제품의 정상적인 판매 가격을 인식하게 되고, 최저 가격을 제시하는 악성 리셀러로부터 제품을 사는 것을 피하게 된다. 이런 시스템이 잘 정착되면 제조사와 유통업체의 디지털 채널을 직접 방문하는 소비자도 증가할 것이다.

가격 변동성을 낮춰라

제조사와 유통업체들은 플랫폼의 낮은 가격에 대항하기 위해 일시적인 가격 할인을 진행한다. 그리고 이런 할인은 대부분 예고 없이 불규칙적으로 진행된다. 가격 할인과 같은 마케팅은 네이버쇼핑의 가격 비교 서비스를 통해 최저가에 제품을 사려는 소비자들을 유입시키는 데에는 일시적으로 도움이 될 수 있다. 하지만 장기적으로는 브랜드의 디지털 채널을 활성화하는 데 역효과가 난다. 브랜드 채널에서 일시적인 가격 할인을 할 때 우연히 최저 가격에 제품을 산 소비자가 브랜드의 디지털 채널을 다시 방문했을 때 가격이 높아져 있다면 굳이 이 채널을 재방문할 생각이 들지 않을 것이다. 네이버쇼핑에서 언제든지 최저 가격을 확인할 수 있는데, 가격이 들쑥날쑥하게 바뀌는 브랜드의 디지털 채널을 방문할 필요성을 느끼지 못하는 것은 당연한 일이다. 이런 점에서 디지털 채널의 일시적이고 불규칙한 가격 할인은 소비자의 거대 플랫폼에 대한 의존도만 높이고 브랜드의 디지털 채널 활성화를 방해하는 좋지 않은 전략이다.

그런데 제조사와 유통업체들은 불규칙한 가격 할인이 매출에 도움이 된다고 생각한다. 사실 불규칙한 가격 할인은 마케팅의 기본 전략 가운데 하나다. 많은 마케팅 책들과 마케팅 전문가들이 불규칙한 가격 할인의 장점에 대해 강조하고 있다. 그런데 그들이 말한 이 방법에는 한 가지 중요한 조건이 있다. 매장을 방문하는 소비자에게 그 매장 외에 다른 대안 채널이 없어야 한다는 점이다. 다른 대안 채널이 없는 소비자는 혹시 모를 할인 혜택을 놓치지 않기 위해 매장을 더 자주 방문할 것이고, 할인이 없더라도 자신이 늘 구매하던 브랜드라 어쩔 수 없이 비싼 가격에 제품을 사게 된다. 그래서 불규칙한 가격 할인은 많은 소비자가 대형마트에서 쇼핑하던 시절에 효과적인 전략이었다.

같은 이유로 이 방법은 충성 고객을 많이 확보한 플랫폼에도 효과적인 전략이다. 아마존, 쿠팡, 마켓컬리, 무신사처럼 많은 충성 고객을 보유한 플랫폼을 보자. 이들의 충성 고객은 자신이 이용하는 플랫폼 안에서 제품을 검색하고 구매한다. 굳이 여러 플랫폼을 돌아다니며 가격을 비교하지 않는다. 하나의 플랫폼 안에 록-인되어 불규칙한 가격 할인을 놓치지 않기 위해 플랫폼을 자주 방문하고, 할인이 없어도 필요한 제품이라면 산다. 하지만 소비자가 여러 곳을 돌아다니며 쇼핑하는 경우라면 불규칙한 가격 할인은 도움이 되지 않는다. 오히려 신규 고객의 유입을 저해하는 역효과만 낼 뿐이다.

실제로 나이키, 룰루레몬, 파타고니아 등 많은 팬을 보유한 브랜드들은 모두 제품의 가격 변동성이 작고 할인도 1년 중 정해진 기간에만 한다. 코스트코도 고객들에게 미리 어떤 제품이 언제부터 할인하는지 이메일과 카탈로그 북을 통해 공지해주고 있다. 미국에서 가장 인기 있는 식품점인 트레이더 조의 경우 아예 할인을 하지 않는다. 그렇기 때문에 소비자들은 가격 변동에 대한 걱정 없이 이들의 채널을 방문하게 된다. 가격의 안정성과 예상되는 할인 행사가 매장에 대한 소비자의 신뢰를 만들어내는 것이다.

가격 비교에서 벗어나는 독자적인 제품을 만들어라

플랫폼과의 가격 경쟁에서 벗어나는 가장 좋은 방법은 플랫폼에서는 살 수 없는 독자적인 제품을 구비하는 것이다. 나이키는 많은 유통업체와 협력하고 있지만 나이키닷컴에서만 살 수 있는 운동화가 있다. 무신사도 무신사에서만 살 수 있는 의류와 신발을 보유하고 있다. 트레이더 조는 판매하는 제품의 80% 이상이 자체 브랜드 제품이다. 이런 독자적인 제품들은 플랫폼에서 판매되는 다른 제품들과 비교 대상이 되지 않고 플랫폼의 가격 비교에서도 벗어나 있어 가격 붕괴를 피할 수 있다.

하지만 채널 전용 제품을 만든다고 해서 이 제품이 가격 비교에서 반드시 벗어날 수 있는 것은 아니다. 많은 제조사는 유통 채널의 전용 세품을 만들 때 제품의 디자인이나 성분을 약간만 변경해서 출시한다. 전자제품의 경우, 기능을 빼거나 추가하는 방식으로 채널 특화 제품을 만든다. 그러나 이런 작은 차이로는 가격 비교를 벗어날 수 없다. 소비자들에게는 기존 제품과 별반 차이가 없는 제품으로 인식되기 때문이다. 제품이 가격 비교에서 벗어나기 위해서는 말 그대로 '독자적'인 매력을 가져야 한다. 기존 제품과 완전히 다르게 인식되는 동시에 많은 소비자가 원하는 제품을 브랜드 채널 전용 제품으로 만들어야 한다.

3. 채널의 흥미성: 브랜드 채널에 수시로 방문하게 만들어라

많은 소비자가 거대 플랫폼에 수시로 접속해서 제품을 검색하고 당장 살 필요도 없는 제품들을 장바구니에 넣어 놓는다. 플랫폼에 접속하는 빈도가 높아서 그만큼 플랫폼 안에서 제품을 살 가능성도 커진다. 반면 제조사와 유통업체들의 디지털 채널은 프로모션을 통해 많은 신규 가입자를 유치해도 이들이 지속적으로 디지털 채널을 방문하지는 않는다. 자주 방문하지 않는다는 것은 소비자들이 제품 구매에 대한 니즈가 발생했을 때 브랜드 채널이 선택될 가능성이 작다는 것을 의미한다. 브랜드가 자신의 디지털 채널을 통해 많은 매출을 올리기 위해서는 소비자들이 일상적으로 브랜드의 디지털 채널에 관심을 가지고 방문하도록 해야 한다.

인간은 본능적으로 새로운 것에 관심을 가진다

어떻게 하면 소비자들이 브랜드의 디지털 채널에 관심을 가지고 지속적으로 방문하게 만들 수 있을까? 많은 기업은 이메일이나 SNS를 통해 소비자들이 브랜드 채널에 관심을 가지도록 노력하지만, 소비자의 큰 관심을 끌 만한 프로모션을 제공하지 않는 한 이런 디지털 마케팅은 그다지 효과적이지 않다는 것을 잘 알고 있다. 게다가 소비자들은 너무나 많은 홍보성 이메일과 SNS를 받고 있어서 디지털 마케팅은 오히려 소비자들을 짜증 나게 만드는 요인이기도 하다. 디지털 채널이 소비자의 관심을 끌기 위해서는 이들을 억지로 데려오려고 해서는 안 된다. 이들이 일상에서 자발적으로 브랜드의 디지털 채널에 들어와야 한다. 소비자의 자발적 관심을 얻어내는 방법은 간단하다. 새로움과 관련성이다.

주의attention 란 사람들이 특정 대상에 집중하는 것을 말하는 심리학 용어다. 사람들은 하루에도 수없이 많은 정보에 노출된다. 사람의 눈은 엄청나게 많은 시각 정보를 처리하고, 귀는 수없이 많은 소리를 듣는다. 하지만 그렇다고 해서 이 정보를 모두 의식하는 것은 아니다. 사람들은 수많은 정보 중 아주 일부분에만 주의를 기울인다. 사람들이 주의를 주는 정보는 주로 새롭거나 자신과 관련성이 높은 정보들이다. 이는 인간의 본능이다. 인간의 인지 기관은 새로운 정보를 더 깊고 중요하게 처리하고, 남들보다 빨리 획득하고 싶어 하는 욕구가 있다. 또한 그것이 자신과 관련된 것이라면 주의력이 최고조에 달한다.

이러한 주의 과정의 특성을 잘 이용하고 있는 것이 플랫폼의 알고리즘이다. 플랫폼이 제공하는 뉴스 서비스를 보면 끊임없이 새로운 기사가 상단에 노출되고, 보는 사람의 성향과 취향에 맞게 그 사람과 관련성이 높은 기사를 추천한다. 즉, 플랫폼은 알고리즘을 통해 인간이 본능적으로 관심을 가질 만한 새롭고 관련성 높은 기사들을 보여주는 것이다. 그래서 하루에도 수십 번씩 플랫폼의 뉴스 서비스에 접속해서 새로운 기사들을 클릭하게 만든다. 사람들을 플랫폼에 중독시킨 것이다.

플랫폼의 뉴스 서비스가 사람들을 중독시키는 방식은 그들의 쇼핑 플랫폼에도 그대로 적용된다. 쇼핑 플랫폼에 접속하면 항상 새로운 제품이 눈에 들어온다. 게다가 이 제품들은 자신과 관련성이 높은 제품들이다. 플랫폼의 알고리즘은 제품을 클릭해서 구매하게 하는 역할뿐만 아니라 하루에도 여러 번 플랫폼에 접속해서 제품을 구경하게 만드는 중독성을 만들어낸다. 이 책을 읽고 있는 사람들 중에도 쿠팡 앱이나 네이버쇼핑 앱을 하루에 수십 번씩 열어보는 사람들이 있을 것이다. 그런데 이에 비해 브랜드의 디지털 채널은 너무나 지루하게 느껴진다. 언제 방문해도 똑같은 제품이 똑같은 순서대로 나열되어 있다. 너무 진부하고 고루해서 아무도 관심을 가지지 않는 제주도 테마파크 같다.

브랜드의 디지털 채널이 소비자들의 지속적인 관심을 끌기 위해서는 새롭고 관련성 높은 정보가 끊임없이 제공되어야 한다. 가장 좋은 것은 짧은 간격으로 계속해서 새로운 제품을 선보이는 것이지만 이는 브랜드에게는 어려운 일이다. 그렇다면 제품이 아닌 콘텐츠를 통해 새로움을 불어넣어야 한다. 제품의 새로운 소식을 제공하고, 사용법이나 스토리 등 제품과 관련된 유익하고 다양한 정보를 제공하며, 소비자들의 취향에 맞는 콘텐츠를 개발하는 브랜드 전략을 세워야 한다. 여기서 핵심은 콘텐츠가 끊임없이 제공되어야 한다는 점이다. 하나의 좋은 콘텐츠를 만든다고 해서 소비자들이 브랜드의 디지털 채널을 반복해서 찾지는 않는다. 소비자가 지속적으로 브랜드 채널을 방문하고 머무르기를 원한다면 계속 방문하고 싶게 흥미 있는 새로운 콘텐츠를 끊임없이 개발해야 한다.

4. 고객에 대한 반응성: 고객의 신호에 가장 빠르게 대응하라

소비자들을 브랜드의 디지털 채널에 자주 방문하게 만들기 위해서는 빠른 반응이 필수다. 반응성이란 소비자의 의견에 빠르게 대응하는 것과 더불어 소비자에게 참여의 기회를 제공하는 것을 말한다. 소비자 입장에서는 반응성이 높은 채널은 단순한 웹페이지가 아니라 자신과 상호작용하는 것처럼 느껴져서 이러한 디지털 채널을 더 선호하게 된다.

반응성의 중요성은 인기 유튜버들이 구독자를 확보하는 모습을 보면 쉽게 이해할 수 있다. 인기 유튜버들은 자신이 제작한 콘텐츠의 댓글을 일일이 읽어보고 답변을 달아준다. 방송 중에 구독자의 댓글을 소개하거나 구독자가 보내준 선물을 보여주기도 한다. 구독자의 의견을 반영해서 콘텐츠 내용을 결정하는 일도 자주 있다. 이런 상호작용은 그동안 TV가 제공하지 못했던 것이다. 그렇다 보니 많은 사람들이 유튜버의 팬이 되고 이들의 콘텐츠를 시청하면서 TV 시청률이 점점 더 낮아지고 있다.

거대 플랫폼은 반응성에서도 브랜드의 디지털 채널보다 크게 앞서 있는 모습이다. 우선 플랫폼의 오픈마켓 판매자들이 고객의 문의 사항에 빠르게 답해주고 있어 플랫폼은 별다른 노력 없이 높은 반응성을 가진다. 플랫폼은 그저 고객 질문에 대한 반응성을 오픈마켓 판매자를 평가하는 중요 지표로 활용해서 판매자들이 고객들에게 더 빠르게 반응하도록 유도할 뿐이다. 네이버의 스마트스토어는 반응 속도(가령, 두 시간 내 응답률)를 수치화해서 소비자에게 보여주고 있기 때문에 판매자들은 하루 24시간 내내 고객의 질문 사항에 신속하게 반응할 수밖에 없다. 이에 반해 제조사나 유통업체의 디지털 채널은 자신들이 직접 고객의 질문에 응답하고 있어서 질문에 대한 반응 속도가 느리다.

따라서 브랜드의 디지털 채널이 플랫폼에 대항하기 위해서는 오픈마켓 판매자들 수준으로 빠른 반응성을 갖춰야 한다. 많은 오픈마켓이 반응성의 기준을 두 시간 이내로 정해놓고 있는데, 그렇다면 브랜드의 디지털 채널도 이 정도 수준의 빠른 반응이 필요하다. 여기에 더해 고객의 의견을 제품 개발이나 운영 방식에 반영하려는 노력도 필요하다. 고객의 의견이 반영된 제품을 출시하거나 고객이 원하는 방향으로 운영 방식을 바꾸는 것이다. 즉, 고객의 목소리에 신속하게 댓글을 다는 수준을 넘어서 고객의 목소리를 실제로 제품과 채널에 반영시키는 것이다. 이는 거대 플랫폼이 하기 어려운 일이므로 소비자들을 브랜드의 디지털 채널에 자주 방문하게 만드는 중요한 장치가 될 수 있다.

5. 환불의 용이성: 환불은 무조건 쉽고 빠르게 해줘라

많은 제조사와 유통업체는 판매한 제품의 교환이나 환불을 꺼린다. 환불된 제품을 비용이라고 생각한다. 그래서 많은 판매자는 제품에 하자가 있는 경우에만 환불해주고 '단순 변심•'은 환불해주지 않으려고 한다. 하지만 온라인 시대에 관대한 환불 정책은 모든 디지털 채널이 반드시 갖춰야 할 핵심 경쟁 요소다.

　환불 정책이 중요한 이유는 단지 법적인 제재를 피하거나 소비자를 보호하기 위해서가 아니다. 그보다는 온라인 구매의 특성과 관련 있다. 온라인에서 제품을 사는 소비자는 제품을 실제로 보고 사는 것이 아니기 때문에 하자가 있는 제품을 받을 수도 있고, 제품을 받은 후에야 마음에 안 든다는 것을 알 수도 있다. 나도 최근에 브랜드

•　온라인 구매에서 '단순 변심'이라는 표현은 사실 문제가 있다. 제품을 실제로 보지 못하고 구매한 것이니 구매 결정을 번복한 것이라고 볼 수 없다.

의 디지털 채널에서 운동화를 샀다가 반품한 경험이 있다. 온리인을 통해 제품에 대한 충분한 정보를 얻었고 많은 사용자 후기를 확인했지만, 막상 제품을 착용해보니 나와는 어울리지 않았다.

또한 온라인 구매는 돈을 쓴다는 느낌이 잘 들지 않는다. 그래서 충동적으로 제품을 사고 후회하는 소비자들이 많다. 특히 연말 할인 기간에 충동구매가 많이 발생한다. 이처럼 온라인 구매는 매장 구매에 비해 어쩔 수 없는 문제들이 존재하므로 반품에 대한 필요성이 많이 발생할 수밖에 없다. 실제로 미국에서는 온라인 구매가 오프라인 구매에 비해 반품률이 세 배 이상 높은 것으로 알려져 있다.

반품이 잘 안 되면 소비자들은 온라인 구매를 꺼리게 된다. 반대로 반품이 쉽고 환불이 빠를수록 온라인 구매율은 높아진다. 거대 플랫폼들은 이러한 점을 잘 알고 있어서 관대한 환불 정책을 만들고 쉽게 반품할 수 있는 시스템을 구축해왔다. 대표적으로 아마존이 있다. 아마존은 대부분의 제품을 30일 안에 환불받을 수 있는 정책을 실시하고 있다. 심지어 이미 사용한 제품도 가능하다. 또한 고객들이 쉽게 반품할 수 있도록 환불 센터를 미국 곳곳에 두었다. 아마존 허브라는 곳인데, 이곳은 제품은 팔지 않고 반품하고 환불해주는 서비스만 제공한다. 아마존이 선보이는 다양한 형태의 오프라인 매장들도 주로 환불 센터로 이용되고 있으며, 미국 대형 백화점인 콜스 Kohl's 안에도 아마존의 반품 센터가 있다. 한국의 쿠팡도 아마존처럼 편리한 반품 서비스를 제공한다. 국내 법상 단순 변심일 때 7일의 반품 기한이 있지만, 쿠팡은 로켓배송 제품에 대해서 30일의 반품 기한을 제공하며, 신청만 하면 쿠팡의 배송 직원(쿠팡맨)이 신속하게 수거해간다.

온라인 플랫폼들은 소비자가 반품에 대한 걱정 없이 쉽게 구매 결정을 내릴 수 있도록 관대한 환불 정책을 만들고, 소비자들이 쉽게 반품할 수 있는 서비스를 제공함으로써 온라인 구매의 한계를 없앴다. 하지만 제조사와 유통업체는 유달리 환불 정책을 개선하지 않는 곳이 많다. 대부분 환불을 잘해주지 않거나 반품 가능 기한을 최소한으로 정해놓는다. 어느 한 가전 유통업체는 최근까지도 온라인으로 판매한 제품의 배송용 포장 상자를 뜯으면 환불해주지 않았다. 제품 상자가 아니라 제품 배송에 사용된 포장 상자를 열기만 한 것뿐인데 환불을 거부한 것이다. 소비자라면 이런 브랜드의 디지털 채널은 두 번 다시 찾지 않을 것이다.

물론 환불은 기업에게는 비용이다. 하지만 환불 정책을 관대하게 한다고 해서 기업의 비용이 엄청나게 증가하는 것은 아니다. 오히려 관대한 환불 정책으로 판매량이 증가하면 반품되는 제품이 늘어나도 기업의 매출에는 도움이 된다. 실제로 환불 정책과 기업의 매출 관계를 분석한 연구에서 관대한 환불 정책이 매출을 증가시키는 효과가 있고, 매출 증가에 비해 반품률은 많이 늘어나지 않는다는 것이 확인되었다.[1]

환불은 충성 고객과도 연관성이 있는데, 브랜드의 팬을 많이 보유하고 있는 브랜드일수록 관대한 환불 정책을 가지고 있다. 대표적으로 코스트코와 이케아가 있다. 코스트코는 기간 제한이 없는 무제한 환불 성책을 실시하고 있고(전자 제품의 경우에만 90일 제한이 있다), 이케아는 365일 환불 정책을 실시하고 있다. 코스트코는 먹다 만 과자도 환불해주고, 이케아는 거의 1년간 사용한 가구도 환불해준다. 이들이 이처럼 관대한 환불 정책을 실시할 수 있는 이유는 반품으로 인한 비용보다 관대한 환불 정책이 가져오는 충성 고객의 증가가 기업의 이익에 더 큰 도움이 되기 때문이다.

관대한 환불 정책은 소비자에게도 기업에게도 도움이 되는 일이다. 특히 거대 플랫폼들이 관대한 반품 기간과 빠른 반품 서비스로 제조사와 유통업체의 경쟁력을 약화시키고 있으므로 온라인 시대에 반품과 환불은 기업 운영에 필수적인 비용이며 투자라고 인식해야 한다. 브랜드는 소비자들이 쉽게 반품하지 못하도록 할 것이 아니라 반품된 제품을 활용해서 비용을 줄일 수 있는 시스템을 만들어야 한다.

6. 고객과의 관계성: 당장의 이익보다
고객과의 관계를 더 중요하게 생각하라

소비자들은 매장에 대해 두 가지의 다른 이미지를 가지고 있다. 첫 번째는 매장을 비즈니스 상대 혹은 거래 대상으로 인식하는 것이다. 이런 경우 소비자들은 자신과 판매자를 경쟁 관계에 있다고 생각하고 자신이 지불하는 가격에 민감해진다. 재래시장에서 흥정을 통해 가격을 결정하는 것이 그런 예다. 두 번째는 매장을 장기적인 관계의 대상으로 인식하는 것이다. 자신이 좋아하고 계속해서 방문할 매장이라고 생각하면 소비자는 가격보다 관계를 더 중요하게 고려해 가격 차이를 기꺼이 받아들인다.

플랫폼에 대항하려는 브랜드의 디지털 채널은 소비자들에게 거래 대상이라고 인식되어서는 안 된다. 디지털 채널이 비즈니스 상대로 인식되면 소비자들은 가격과 혜택 차이에 민감해지는데, 가격이나 혜택에서 디지털 채널은 거대 플랫폼과 경쟁할 수 없다. 그러므로 소비자들에게 브랜드의 디지털 채널은 장기적인 관계의 대상이라고 인식되어야 한다. 즉, 매출을 목적으로 하지 말고 소비자와의 관계를 목적으로 운영해야 한다.

사실 브랜드의 디지털 채널은 대형마트와의 경쟁에서 밀리던 동네 구멍가게와 비슷하다. 집 근처에 있는 작은 식품 매장을 생각해 보자. 이 매장은 대형마트와 비교해 제품의 다양성도 적고 가격도 비싸다. 이런 매장이 동네 사람들에게 비즈니스 상대로 인식되면 살아남기 어렵다. 작은 매장이 경쟁에서 살아남기 위해서는 사람들과 관계를 만들어야 한다. 이 매장을 좋아하게 만들고 이곳을 자주 방문하고 싶은 곳으로 인식하게 하면 소비자가 느끼는 가격 차이는 둔감해진다.

그러므로 당장은 손해가 발생하더라도 고객과의 장기적인 관계 구축에 도움이 되는 방식으로 디지털 채널을 운영해야 한다. 브랜드를 관계의 대상으로 인식하는 소비자가 많아지면 매출은 자연스럽게 뒤따라올 것이다. 이를 잘 보여주는 것이 넷플릭스다. 기존 IPTV

업체들이 편당 결제 방식을 사용하는 것과 다르게 넷플릭스는 월정액 가입자들에게 넷플릭스의 모든 콘텐츠를 공개한다. 이러한 가격 정책은 단기적으로 보면 넷플릭스에 손해를 가져다준다. 광고도 마찬가지다. 다른 콘텐츠 서비스 업체들과 다르게 넷플릭스에는 광고가 없다. 광고는 콘텐츠 서비스 업체들에게 가장 큰 수입원임에도 넷플릭스는 이를 포기한 것이다. 당장의 이익을 포기하고 넷플릭스가 얻고자 한 것은 무엇일까? 바로 고객이다. 편당 결제 방식을 사용하지 않고 시청 중간에 광고로 방해받지도 않아서 사용자들은 넷플릭스가 다른 업체에 비해 덜 상업적이라 느끼며 삶을 더 편리하고 즐겁게 해준 존재라고 인식한다. 넷플릭스는 이런 방식으로 현재 OTT 시장에서 독보적인 업체가 되었다.

플랫폼 시대에도 성장하는 모습을 보이는 오프라인 매장들의 공통점도 고객들에게 비즈니스 상대로 인식되지 않는다는 점이다. 코스트코, 이케아, 트레이더 조가 그렇다. 이들 매장은 고객들에게 원가 이하에 맛있는 음식을 제공하고 관대한 환불 정책을 실시하며, 고객 서비스를 매출보다 중요하게 여긴다. 이런 운영 방식은 단기적으로는 손해를 가져다줄 수는 있지만, 장기적으로는 많은 충성 고객을 만들어내기 때문에 오히려 매출에 도움이 된다. 충성 고객은 다른 플랫폼을 이용할 확률도 낮아 거대 플랫폼에 대항할 수 있는 좋은 전략이다.

브랜드의 디지털 채널이 거대 플랫폼보다 소비자들에게 더 낮은 가격이나 더 많은 혜택을 제공하기는 어렵다. 하지만 소비자들에게 비즈니스 상대, 즉 거래 상대로 인식되지 않고, 장기적으로 관계를 맺을 수 있는 대상으로 인식되게 만들 수는 있다. 문제는 브랜드의 디지털 채널이 이런 역할을 하지 못하고 있다는 것이다. 보통 아마존이나 쿠팡과 같은 거대 플랫폼의 모습을 흉내 낸 모습으로 디지털 채널을 만드는 경우가 많다. 때로는 간편하다는 이유로 네이버쇼핑이 제공하는 템플릿에 맞춰 브랜드 페이지를 만들기도 한다. 이런 디지털 채널은 소비자들에게 제품의 '판매처'로만 인식될 뿐이다. 이런 채널에 방문하는 소비자들이 가격과 혜택에 민감해지는 것은 당연한 일이다. 브랜드가 디지털 채널을 활성화하고 많은 매출을 올리고 싶다면 거대 플랫폼과는 다른 모습을 가져야 한다. 제품의 판매처가 아니라 편안하고 좋은 공간으로 느껴지게 디지털 채널을 만들어야 한다. 그래야 소비자들은 가격과 혜택 차이가 있더라도 브랜드의 디지털 채널에서 제품을 살 것이다.

새로운 오프라인
패러다임을 찾아라

플랫폼의 성장으로 매장의 위기를 겪고 있는 제조사와 유통업체들은 그 해결책을 매장 안에서 찾으려는 경향이 있다. 매장의 인테리어를 바꾸고 새로운 고객 체험 요소를 도입하면 매장을 살릴 수 있을 거라고 믿는다. 하지만 이것은 매장이 겪는 위기의 근본적인 원인이 아니라 이러한 노력은 거의 수포로 돌아가기 쉽다. 실제로 지난 10년 동안 미국에서 경험 매장의 붐이 일면서 많은 오프라인 매장이 매장을 색다르게 바꾸었지만, 대부분의 매장이 투자 대비 효과를 전혀 얻지 못했다. 매장을 바꾸어도 플랫폼의 지배력은 계속 높아졌고, 매장은 떠나는 고객을 막지 못했다.

매장 내·외부에 존재하는 모든 물리적, 감각적, 경험적 요소들을 매장의 환경적 요소라고 하는데, 매장의 구조, 제품의 배치, 조명의 색과 조도, 벽의 색과 재질, 음악, 사진, 이벤트 등 제품을 제외한 매장의 모든 요소가 여기에 포함된다. 매장의 환경적 요소는 사실 내 주요 연구 분야 가운데 하나다. 나는 매장에서 사용하는 음악,[2] 사진,[3] 향기 등 다양한 환경적 요소들에 대해 연구하고 있다. 이러한 환경적 요소들이 매장의 분위기를 바꾸고 매장 방문자의 감정과 사고에 영향을 미치는 것은 사실이다. 그런데 매장의 환경적 요소에 대한 연구를 진행해오면서 환경적 요소가 가진 한계점도 명확하게 인식할 수 있었다. 매장의 환경적 요소가 매출에 도움이 되기 위해서는 '모든 조건이 동일해야 한다'는 것이다. 특히 브랜드 역할이 중요한데, 브랜드의 가치가 높은 경우에는 매장의 환경적 요소를 바꾸는 것이 효과적이지만, 브랜드 가치에 문제가 생긴 경우에는 아무리 환경적 요소에 변화를 주어도 매출은 예전 수준으로 회복할 수 없다.

매장을 바꾼다고 고객이 돌아오지는 않는다

매장의 환경적 요소가 가장 우수하다고 여겨지는 브랜드로 많은 사람들이 애플을 꼽는다. 애플 스토어는 멋진 외관의 건물, 세련된 인테리어, 제품 체험 등을 제공함으로써 사람들을 매장으로 불러모으고 이를 통해 큰 매출을 달성하고 있다. 그러다 보니 많은 기업이 애플 스토어를 벤치마킹해왔다. J.C. 페니도 그런 기업 가운데 하나였다. J.C. 페니는 120년 역사를 자랑하는 미국의 가장 상징적인 백화점이다. J.C. 페니는 1960년대부터 2000년대까지 지속적인 매출 증가로 성공 가도를 달려왔지만, 2007년 7월을 정점으로 그 성장세가 멈췄다. J.C. 페니는 이 위기를 극복하기 위해 2011년 11월 론 존슨 Ron Johnson이라는 당시 최고의 매장 전문가를 CEO로 영입했다. 존슨은 애플의 경험 매장을 탄생시킨 장본인으로 J.C. 페니의 CEO가 되면서 애플에서 함께 일했던 동료들을 스카우트해 J.C. 페니를 보다 세련되고 멋진 매장으로 탈바꿈시킨다. 존슨은 J.C. 페니를 백화점계의 애플로 만들고자 했다.

론 존슨은 가장 먼저 J.C. 페니의 브랜드 아이덴티티를 새롭게 바꾸고 매장 안팎에 J.C. 페니의 새로운 브랜드 아이덴티티를 느낄 수 있는 인테리어 요소들을 도입했다. 그리고 이에 맞춰 매장의 구조를 바꿨는데, 전형적인 '백화점 방식(큰 공간 안에 많은 가판대를 놓고 판매하는 방식)' 대신 '부티크 방식(매장 안에 많은 작은 매장을 넣는 방식)'으로, 당시 트렌드에 맞게 변신시켰다. 과연 론 존슨이 바꾼 J.C. 페니는 어떻게 되었을까? 론 존슨이 CEO로 재직한 12개월 동안 J.C. 페니의 매장당 매출은 25% 감소했고, 총매출액은 43억 달러가 감소했다. 주가는 주당 32달러에서 18달러로 곤두박질쳤고, 회사는 10억 달러의 손실을 기록하며, 결국 J.C. 페니는 16개월 만에 론 존슨을 해고했다. 하지만 그 후로도 J.C. 페니의 매출은 걷잡을 수 없이 하락했고, 2012년 1월 172억 달러에 달했던 매출이 2년 만에 119억 달러로 무려 31%나 감소했다. J.C. 페니는 2020년 5월에 파산 신청을 했다.

애초에 J.C. 페니의 매출이 하락하기 시작한 근본적인 이유는

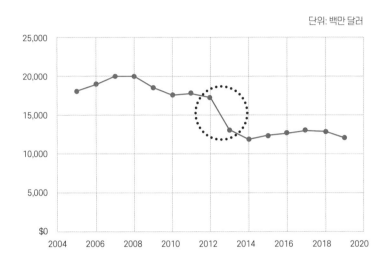

단위: 백만 달러

출처: macrotrends.net

매장 때문이 아니었다. 문제의 원인은 브랜드에 있었다. 역사가 오래된 만큼 J.C. 페니는 많은 소비자에게 오래되고 매력적이지 못한 브랜드로 인식되고 있었다. 한 번 하락하기 시작한 브랜드 이미지는 매장만 새롭게 바꾼다고 해서 쉽게 바뀌는 것이 아니다. 게다가 J.C. 페니를 좋아한 기존의 충성 고객들은 새롭게 바뀐 J.C. 페니의 모습에

* 중간에 매출이 급격하게 감소한 2012년이 바로 론 존슨이 CEO로 재직하면서 매장에 큰 변화를 준 기간이다.

실망해 J.C. 페니를 떠나 버렸다. J.C. 페니의 매장 변화는 기존 고객도 잃고, 새로운 고객을 유치하는 것도 실패했다. J.C. 페니의 사례는 매장 분위기를 바꾼다고 해서 매장의 위기가 해결되지 않는다는 것을 잘 보여준다. 이런 결정은 오히려 브랜드의 쇠락을 가속하는 치명적인 실수가 될 수 있다.

매장을 바꾼 후에도 고객을 유입시키는 데 실패한 사례는 수도 없이 많다. 또 다른 예로 애버크롬비 앤 피치A&F를 보자. 애버크롬비 앤 피치는 한때 잘나가는 학생이라면 반드시 입어야 하는 옷으로 여겨질 정도로 인기 브랜드였다. 하지만 지나친 섹슈얼 마케팅과 외모 차별적인 매장 정책이 문제가 되면서 브랜드 이미지가 크게 손상되었다. 이에 애버크롬비 앤 피치는 브랜드 이미지를 탈바꿈하기 위해 디자인 콘셉트를 완전히 바꾼 새로운 매장을 선보였다. 브랜드 로고도 바꾸고 원목을 사용해 매장 외부를 세련되게 바꾸면서 매장 내부의 분위기도 전보다 밝아졌다. 그런데 이런 변화에도 불구하고 애버크롬비 앤 피치의 매출은 오르지 않았다. 2015년 이후로 애버크롬비 앤 피치의 매출은 연간 4.3%의 감소세에 있으며, 지난 4년간 감소한 총매출액은 2억 달러에 달한다.[4] 중요한 사실은 이러한 수치가 코로나19 이전에 기록된 것이라는 것이다.

애버크롬비 앤 피치의 매출 감소는 단지 회사의 경영 능력이나 패스트패션 시장의 축소 때문이라고 보기는 어렵다. 애버크롬비 앤 피치의 모기업은 홀리스터라는 또 다른 브랜드를 가지고 있는데, 홀리스터는 애버크롬비 앤 피치처럼 브랜드 이미지 문제를 가지고 있

사진: 김병규

애버크롬비 앤 피치 매장의 예전 모습(왼쪽)과 최근 모습(오른쪽)이다. 애버크롬비 앤 피치는 매출 하락을 극복하고자 매장에 큰 변화를 줬지만, 매출은 여전히 감소 추세.

지 않다. 홀리스터는 원래 매장의 분위기를 계속 유지하면서도 최근 매출이 빠르게 상승했다. 2016년 이후 매출 증가율은 8.2%다. 애버크롬비 앤 피치는 더 이상 '쿨'하지 않다고 인식된 브랜드는 매장을 바꾼다고 해서 다시 '쿨'해지기 어렵다는 것을 잘 보여준다.

브랜드가 최우선이다

2019년 하반기, 미국에서 매장에 대한 투자와 매출 변화에 관한 연구를 진행한 적이 있다. 코로나19 이전이라 매장과 매출의 관계를 직접적으로 확인할 수 있는 좋은 기회였다. 매장의 인테리어를 바꾸거나 새로운 콘셉트의 경험 매장을 선보인 브랜드들의 매출을 분석한 후 한 가지 분명한 결론을 내릴 수 있었다. 매장 자체가 소비자의 구매에 미치는 영향은 제한적이라는 점이나. 특히 브랜드 가치가 하락하고 있는 매장은 아무리 인테리어를 바꾸고 경험 요소를 도입해도 매장의 위기를 극복하지 못한다. 반면 브랜드 가치가 높으면 낙후된 매장이어도 고객들이 끊임없이 찾아온다.

코스트코를 들여다보자. 미국 소매 시장에서 코스트코의 매출은 1,014억 달러로 미국 전체 유통업체 가운데 월마트, 아마존, 크로거 다음으로 4위를 차지한다(2019년 발표 자료 기준). 아마존의 소매 매출이 1,209억 달러인 것과 비교해도 큰 차이가 없을 정도로 높은 매출을 기록 중이다. 코스트코의 매출은 매년 6% 이상의 성장세를 보이며, 주가는 2015년 주당 140달러에서 2020년 5월 기준 300달러로 두 배 이상 상승했다. 이렇게 꾸준하게 성장하고 있는 코스트코의 매장은 어떤 모습일까? 매장 인테리어가 멋지고 고객에게 좋은 경험을 주는 걸까? 전혀 그렇지 않다. 코스트코 매장의 벽과 천장은 우중충한 회색빛이고 조명은 모든 것을 적나라하게 비추는 백색 조명이다. 사람이 붐비는 주말에는 사람들이 지나다닐 때 서로의 카트가 부딪치는 일도 빈번하고 고객이 직접 무거운 박스를 카트에 옮겨 담아야 한다.

화장품 매장인 얼타Ulta도 마찬가지다. 얼타는 세포라Sephora와 함께 미국에서 가장 인기 있는 화장품 매장이다. 2019년 7월 기준으로 연 매출은 70억 달러에 달하고, 최근 4년간 연평균 매출 증가율은 18%다.[5] 세포라는 매출 실적을 발표하지 않기 때문에 실제 매출을 통한 직접 비교는 어렵지만, 모든 소비자 조사에서 최근 얼타

얼타 매장의 외관(왼쪽)과 내부(오른쪽) 모습니다. 세련된 인테리어를 갖춘 세포라 매장과 다르게 얼타의 매장은 지극히 평범하다. 조명도 백색 조명을 사용하고 벽과 진열대, 바닥도 빛 바랜 듯한 흰색이다. 제품은 여기저기 어지럽게 진열되어 있지만, 미국에서 현재 가장 인기 있는 화장품 매장이다.

는 세포라보다 앞서는 결과를 얻고 있다. 리서치 회사 코엔 앤 컴퍼니Cowen & Company는 매달 소비자를 대상으로 선호하는 화장품 매장을 조사하는데, 최근 2년간 진행된 16번의 선호도 조사에서 모두 얼타가 세포라를 앞섰다. 가장 최근 자료인 2019년 2월 조사 결과에 따르면 얼타를 선택한 사람은 26.3%, 세포라를 선택한 사람은 18.7%였다. 10대를 대상으로 한 조사에서도 비슷한 결과를 보였다. 리서치 회사 파이퍼 제프리Piper Jaffray 보고서에 따르면 2018년까지만 해도 10대들은 얼타와 세포라를 비슷하게 선호했지만, 2019년 가을 조사에서 얼타의 선호도는 38%, 세포라의 선호도는 26%로 큰 차이가 났다.

　흥미로운 것은 매장의 콘셉트나 디자인에서 얼타의 매장이 세포라의 매장보다 훨씬 못하다는 점이다. 세포라 매장은 경험 리테일의 좋은 사례로 자주 소개된다. 브랜드의 콘셉트를 잘 보여주고, 세련됨이 느껴지는 인테리어를 갖추고 있다. 반면 얼타의 매장은 아무런 특색이 없다. 평범한 인테리어에 모든 것을 평범하게 만드는 백색 조명을 사용한다. 마치 1980~1990년대 한국의 양판점 같은 모습이다. 얼타의 온라인 채널도 마찬가지다. 그런데도 얼타는 큰 성공을 거두며, 많은 소비자의 사랑을 받고 있다.

코스트코나 얼타의 성공은 매장의 위기가 인테리어나 고객 경험 문제가 아니라는 것을 잘 보여준다. 브랜드 매장이 계속해서 위기를 겪는 이유는 대부분 브랜드 가치가 하락했기 때문이지 매장의 환경적 요소에 문제가 있었기 때문이 아니다. 그러므로 매장의 위기에 대한 근본적인 해결책은 브랜드에서 찾아야 한다. 어떻게 하면 브랜드가 차별성을 가지고 소비자들에게 대체 불가능한 브랜드로 인식될 수 있을지를 고민해야 한다.

매장의 위기는 매장 안에서 찾으려고 해서는 안 된다. 매장 담당자의 잘못도 아니다. 매장의 위기는 브랜드 가치가 하락하고 플랫폼이 성장했기 때문이지 매장의 문제가 아니다. 따라서 매장의 위기를 극복하는 방법은 브랜드에서 찾아야 한다. 브랜드가 많은 소비자에게 대체 불가능한 브랜드로 인식된다면 매장의 위기도 자연스럽게 해결될 수 있다. 지금부터는 브랜드 전략이 수립되었다는 전제하에 오프라인 매장 운영에 도움이 될 수 있는 점들에 대해 논의하고자 한다.

전략적으로 접근하라

제조사들은 신제품을 개발할 때 가장 먼저 시장을 분석한다. 시장에 어떤 소비자들이 존재하며 이들이 원하는 것이 무엇인지를 파악한 후 그들이 원하는 가치를 제공해줄 수 있는 제품을 만든다. 즉, 분석이 선행된 후에 제품을 개발하는 것이다. 이 분석 결과에 따라 제품의 형태와 특성이 달라진다. 하지만 매장과 관련된 결정은 이처럼 전략적으로 접근하는 경우를 찾아보기 어렵다. 매장을 오픈할 때 입지와 인테리어, 매장에서 판매할 제품 구성 정도만 신경 쓸 뿐 매장의 형태나 운영 방식에 대한 전략적인 접근은 하지 않는다.

매장에 진짜 필요한 것은 매장의 인테리어를 새롭게 하거나 제품의 진열 방법을 바꾸는 것이 아니다. 이는 오프라인의 위기가 오기 전, 즉 많은 사람들이 브랜드 매장에 가고, 대형마트에 가던 시절에나 유효한 방법이다. 지금 필요한 것은 온라인 플랫폼에 대응할 수 있는 새로운 매장의 형태나 운영 방식을 찾는 일이다. 그러기 위해서는 매장도 하나의 제품처럼 인식하고 신제품을 개발하듯 분석하고 전략적으로 접근해야 한다.

사람들이 제품에 대해 다양한 신호와 취향을 가지는 것처럼, 앞으로는 오프라인 매장에 대해서도 자신만의 선호와 취향을 가지게 될 것이다. 온라인 플랫폼을 계속해서 가장 편하게 생각하는 소비자들도 있겠지만, 온라인 플랫폼이 아닌 다른 방식을 선호하는 소비자들도 많이 생겨날 것이다. 온라인 플랫폼이 거대화될수록 이와는 정

반대의 느낌을 가진 매장에 매력을 느끼는 소비자들이 많아질 것이다. 시간이 지날수록 사람들이 오프라인 매장에 대해 가지는 선호와 취향도 더욱 다양해지고 분명해질 것이다. 따라서 제품에 대한 선호와 취향에 따라 소비자를 묶는 것처럼, 매장도 매장에 대한 선호와 취향에 따라 소비자를 구분해야 한다. 그리고 이 중에서 매장에서 공략하고자 하는 타깃 소비자를 찾아야 한다.

물론 소비자들이 원하는 새로운 형태의 매장을 찾아내는 것은 쉬운 일이 아니다. 소비자들도 자신이 어떤 매장을 원하는지 잘 모르기 때문이다. 그러므로 이것을 찾아내는 기업은 새로운 패러다임을 만들어내고 미래의 리테일을 주도하게 될 것이다. 설령 새로운 형태의 매장을 찾으려는 노력이 실패하더라도 이러한 시도 자체가 브랜드 가치에 큰 도움이 된다. 브랜드에 혁신적인 이미지를 부여하기 때문이다. 아마존이 선보이는 오프라인 매장들도 대부분 이익을 내고 있지 않다. 나이키가 매장에서 선보이는 체험 요소도 고객의 관심을 끌지 못하고 사라지는 경우가 많다. 하지만 이런 노력이 아마존과 나이키에 혁신적인 이미지를 부여하는 데 큰 역할을 하고 있다. 혁신적이고 미래지향적이라는 이미지를 구축하고 싶은 브랜드라면 실패에 연연하지 말고 새로운 오프라인 리테일에 대해 끊임없이 시도해야 한다.

독자적인 희소성을 갖춰라

많은 사람들이 넷플릭스를 좋아하는 이유로 넷플릭스 오리지널 콘텐츠를 꼽는다. 넷플릭스 오리지널 시리즈는 넷플릭스가 직접 제작하거나 제작에 참여한 콘텐츠로 대부분 넷플릭스에서만 볼 수 있다. 이런 독자적인 콘텐츠를 보유하고 있어서 넷플릭스는 다른 업체들과 차별성을 가진다. 그런데 넷플릭스만 콘텐츠를 제작하는 것은 아니다. 아마존도 오리지널 콘텐츠가 있고, 미국의 OTT 업체인 훌루Hulu도 오리지널 콘텐츠를 만든다. 그런데 왜 다른 업체들은 넷플릭스처럼 성공하지 못한 걸까? 이는 독자성 자체가 가치를 만드는 것은 아니기 때문이다.

단순히 PB 제품을 만드는 것은 어렵지 않다. 월마트에 가면 월마트에서만 살 수 있는 '샘스초이스Sam's Choice' 제품이 있고 홈플러스에 가면 홈플러스에서만 살 수 있는 '홈플러스 시그니처' 제품들이 있다. 하지만 사람들은 샘스초이스나 홈플러스 시그니처 제품을 사기 위해 월마트나 홈플러스에 가지는 않는다. 이 제품들에는 다른 제품에서 찾을 수 없는 독자적인 매력이 부족하기 때문이다. 이런 제품은 매장을 방문한 사람들에게는 선택될 수 있지만, 소비자를 매장으로 불러오는 역할까지는 하지 못한다. 제품이 소비자를 매장으로 불러올 수 있으려면 고객의 취향에 잘 맞아야 하며 동시에 희소성이 있어야 한다.

미국의 슈퍼마켓 트레이더 조가 판매하는 제품의 80%는 이들이 자체적으로 만든 PB 제품이다. 트레이더 조의 PB 제품은 다른 PB 제품들과 큰 차이가 있는데, 트레이더 조의 바이어는 전 세계를 돌아다니며 쉽게 볼 수 없는 특이한 제품들을 찾아낸다. 그리고 여기에 트레이더 조만의 독특한 패키지 디자인을 입혀서 다른 마트에서는 찾아볼 수 없는 대체 불가능한 제품을 만든다. 그런 다음 제품을 정식으로 출시하기 전에 매장에 샘플을 준비해서 고객 반응을 살핀다. 이때 고객 반응이 좋지 않은 제품은 출시하지 않고, 반응이 좋은 제품만 선별해서 출시한다. 이 때문에 트레이더 조의 제품은 고객 취향에 대한 높은 적합도와 희소성을 갖는다.

희소성에는 공간적 희소성과 시간적 희소성이 있다. 트레이더 조는 온라인 판매를 하지 않고, 트레이더 조 제품을 사서 재판매하는 리셀러도 많지 않아 트레이더 조의 제품은 트레이더 조 매장에서만 살 수 있다. 이것이 트레이더 조가 가지고 있는 공간적 희소성이다. 또한 트레이더 조의 제품은 오랜 기간 판매되지 않는다. 매장에서 판매하는 제품 수에 제한을 두고 있어서 많은 제품이 수시로 사라지고, 또 많은 제품이 새로 등장한다. 그래서 트레이더 조의 고객들은 자신이 사는 제품이 언제 매장에서 사라질지 모른다고 생각한다. 이것이 시간적 희소성이다.

제품의 차별성이 중요하다는 건 모두가 잘 알고 있다. 이 차별성은 다름에서 나오는 것이 아니라 가치에서 나온다. 고객에게 가치 있게 느껴지지 않는 차별성은 브랜드에 아무 도움이 되지 않는다. 최근 제조사 브랜드들이 온라인 플랫폼에 공급하는 제품과 자사 채널에 공급하는 제품을 다르게 만드는 경우가 많은데, 대부분 다른 이름을 붙이고 다른 디자인만 입혔지 제품 자체는 동일한 경우가 많다. 이런 차이는 소비자에게 의미 있는 차이가 아니다. 브랜드 채널의 가치를 높이기 위해서는 자사 유통망에서 판매하는 제품들이 소비자에게 실제로 다른 제품과는 다른 가치를 제공할 수 있어야 한다. 그리고 그 가치가 충분히 매력적일 때 소비자들이 온라인 플랫폼 대신 브랜드 매장을 방문할 것이다. 매장에서 제품을 구경하는 것만으로도 즐거움을 느끼던 시절처럼 매장이 주는 즐거움을 다시 경험하고자 할 것이다.

상업적 의도를 지워라

마케팅이란 고객을 깊이 이해하고 고객이 원하는 것을 제공함으로써 고객을 기쁘고 행복하게 만드는 것이다. 그런데 지금 매장에서 하는 마케팅들은 이러한 마케팅의 본질과는 거리가 멀다. 오히려 기업의 상업적 의도만 드러내는 역할을 하고 있다. 매장이 상업적인 의도를 드러내면 소비자는 매장을 자기에게 해를 끼칠 수 있는 위험 요소로 인식한다. 사람들은 위험이 느껴지면 자기방어 기재가 작동하고 주변을 경계하게 된다. 그래서 매장에서 상업적 의도가 강하게 느껴지면 소비자들은 매장에 오는 것을 꺼리게 되고, 설령 매장을 방문하더라도 최대한 방어적으로 의사결정을 하게 한다. 매장을 경쟁자로 인식해 반내로 매상으로부터 이익을 얻어내려는 소비자도 생겨난다. 그러므로 매장에는 고객에게 상업적 의도를 드러내는 요소들이 없어야 한다. 문제는 현재 상업적 의도를 드러내는 활동들이 마케팅이라는 이름으로 포장되어 있어서 기업이 이를 깨닫지 못하는 경우가 많다는 것이다.

현재 오프라인 매장이 상업적 의도를 드러내는 요소들은 수없이 많다. 그중 한 가지는 고객을 설득하려고 하는 것이다. 많은 기업은 매장 직원들에게 설득의 기술을 가르친다. 어떻게 하면 고객이 결정을 미루지 않고 그 자리에서 구매하도록 만들 수 있는지에 대해 교육한다. 사실 설득의 기술은 마케팅 교육의 가장 기본적인 교육 내용 가운데 하나다. 심리학자 로버트 치알디니Robert Cialdini의 《설득의 심리학Influence:The Psychology of Persuasion》은 많은 마케팅 강의에서 교재로 사용되고 있다. 그런데 온라인 시대에는 이런 설득의 기술이 더 이상 통하지 않고 있다. 오히려 브랜드 이미지에 좋지 않은 영향을 미치고 매장의 위기를 가져오는 원인이 되기도 한다.

마케팅에서 설득이란 고객의 마음을 바꾸는 작업을 의미한다. 설득은 고객이 정보가 부족하거나 구매 기회가 한정되어 있을 때 큰 효과를 발휘한다. 많은 정보를 가지지 못한 소비자들은 판매자가 제공하는 정보에 크게 의존하기 때문이다. 특히 자신이 만난 판매자가 진실된 사람이라고 판단되는 경우에는 판매자가 제공하는 모든 정보를 신뢰한다. 그래서 간혹 필요하지도 않은 제품을 비싼 가격에 사기도 한다. 비도시 지역에 거주하는 노인들이 종종 가치 없는 제품을 비싼 가격에 사는 것도 판매자의 말을 있는 그대로 믿어서다. 소비자가 자신에게 구매 기회가 한정되어 있다고 느낄 때도 설득은 큰 힘을 발휘한다. 홈쇼핑 채널에서 쇼핑 호스트가 이런 기회는 다시 오지 않는다면서 판매 종료까지 몇 분 남지 않았다고 말하면 나도 모르게 전화기를 들게 되는 것처럼 말이다.

언젠가 라스베이거스에서 열린 한 호텔 브랜드의 콘도 판매 설명회에 참가한 적이 있다. 콘도를 구매하기 위해서가 아니라 이들의 판매 전략을 엿보기 위해서였다. 두 시간 동안 진행된 설명회에서 나는 설득의 기술을 종합세트처럼 경험할 수 있었다. 설명회 장소에 도착하자 담당자는 각종 다과를 권했고, 콘도와 관련 없는 일상적인 이야기를 주고받았다. 이는 경계심을 없애는 작업으로 일종의 '라포rapport'를 형성하는 단계다.● 그다음에는 장소를 옮겨 전문적인 프레젠터가 콘도의 가치에 대해 설명했다. 프레젠테이션에는 유머와 정보가 적절하게 섞여 있어서 사람들이 경계심을 풀고 콘도의 가치를 실제 이상으로 높게 평가하도록 만들었다. 여태까지 본 프레젠터 가운데 발표 기술이 가장 좋은 사람이었다. 다음 단계에서는 담당자와 따로 앉아 콘도에 대한 세부적인 설명을 들었다. 이 담당자는 지속적인 스킨십(예를 들어 팔로 가볍게 치는 등의 행동)으로 내게 친밀감을 표현했고, 그날만 특별하게 제공한다는 프로모션도 소개해줬다. 미팅 시간은 30분 정도로 제한되어 있었기에 설명회에 참가한 사람들

● 심리 상담에서 환자와 상담자 사이의 정서적 유대감을 형성하는 것을 말한다.

은 시간적 압박 속에시 의사결정을 해야만 했다. 설명회에 참가한 많은 사람들은 콘도의 종류나 운영 방식에 대해 충분한 지식을 가지고 있지 않았고, 이번 기회가 아니면 이 호텔의 콘도를 사지 못한다는 생각에 실제 시장 가격보다 더 큰 금액을 지불하고 콘도를 계약했다. 판매자들의 설득의 기술에 넘어간 것이다.

그러나 디지털 세대를 살고 있는 소비자들에게는 이러한 설득의 기술이 효과적이지 못하다. 소비자들은 인터넷을 통해 제품에 대한 많은 정보를 얻을 수 있기 때문에 판매자가 제공하는 과장되거나 거짓된 정보를 더 이상 신뢰하지 않는다. 설득의 의도가 강하게 느껴지면 오히려 판매자를 경계한다. 온라인 쇼핑에 익숙한 소비자들은 구매 기회가 한정되어 있다고 느끼지도 않는다. 한 쇼핑몰에서 제품을 사지 않아도 온라인에는 같은 제품을 판매하는 판매자가 수없이 많이 존재하기 때문이다. 물론 제품 자체가 희소성을 가지는 경우가 있긴 하지만, 이를 제외하면 구매의 기회는 언제든지 있다고 생각한다.

그러다 보니 소비자를 설득하려는 노력이 오히려 역효과를 낼 수 있다. 인간은 상대방의 행동이 자신을 설득하려는 목적을 가지고 있다고 인식하면 설득에 저항하려는 마음이 생긴다. 이를 심리학에서는 설득 저항성persuasion resistance이라고 부른다. 이 설득 저항성은 설득의 의도가 강할수록 강해지는데, 주로 매장의 직원들이 설득의도를 보일 때 생긴다. 소비자들이 매장에 방문했을 때 강한 설득의도를 인식하게 되면 이에 저항해 매장 직원을 경계하게 되고, 그 매장을 상업적 의도가 강한 곳으로 인식해서 다시 방문하지 않으려고 한다.

　매장 직원들이 고객을 구매 의사나 구매력에 따라 차별하는 것도 매장의 상업적 의도를 드러내는 요인이다. 매장 직원들은 강한 구매 의사를 가진 사람에게는 친절하게 대하지만 구매 의사가 없어 보이는 사람에게는 불친절하게 대하거나 매장에서 나가 달라는 눈치를 주기도 한다. 구매력이 높아 보이는 사람, 즉 돈이 많아 보이는 사람에게는 친절한 모습을 보이고 그렇지 않아 보이는 사람에게는 불친절하게 대하는 것이다. 이는 종종 뉴스에서도 볼 수 있다. 직원들이 이런 행동을 보이는 건 이들이 나빠서가 아니라 매출이 개인의 이익과 평가에 직접적인 영향을 미치기 때문에 자신을 보호하기 위한 본능적인 행동들이다.

　지금까지 사람들은 매장에서 이런 차별적인 경험을 해도 어쩔 수 없이 받아들였다. 대부분의 매장이 비슷한 방식으로 고객을 응대하고 있어서 이런 대우를 당연한 것으로 여기기도 했다. 하지만 온라인 쇼핑은 이런 당연함을 더 이상 당연하지 않은 것으로 만들었다. 온라인에서는 사람에 대한 차별이 존재하지 않는다. 구매 의사가 있던 없던 사람들은 마음껏 제품을 구경할 수 있고, 쇼핑 카트(장바구니)에 제품을 담았다가 빼는 일을 반복해도 된다. 구매력이 낮은 사람도 고가의 명품 브랜드의 온라인 스토어를 마음 편하게 구경할 수 있다. 이를 경험한 사람들이 오프라인 매장을 방문했다가 차별적 경험을 당하게 되면 다시는 매장에 방문하고 싶지 않다는 생각이 드는 건 너무니 당연한 일이다.

이와 더불어 소비자의 구매 패턴이 바뀌고 있다는 점도 매장이 보이는 차별적 행동들이 문제가 되도록 만든다. 예전에는 소득과 구매력 사이의 상관관계가 높았다. 소득이 많은 사람들은 고가의 브랜드를 구매하고 더 많은 제품을 구매했지만, 소득이 낮은 사람들은 저가 브랜드를 소비하고 구매량도 적었다. 하지만 요즘 소비자들의 구매 행동을 분석해보면 이런 상관관계가 명확하게 나타나지 않는다. 소득이 낮은 사람이더라도 자신이 좋아하는 브랜드에 많은 돈을 쓰며, 소득이 높은 사람도 PB제품을 많이 구매한다. 그렇기 때문에 매장에서 직원들이 고객의 외양을 통해 구매력을 판단하는 일은 더는 유효하지 않다. 오히려 그렇게 하면 잠재 고객을 매장에서 쫓아내는 결과를 낳을 뿐이다.

이외에도 오프라인 매장에는 상업적 의도를 드러내는 요소들이 많다. 채널마다 가격을 다르게 책정하거나, 가격을 수시로 바꾸고, 불규칙한 할인 판매를 하는 것도 모두 여기에 해당한다. 이런 활동들은 온라인 플랫폼이라는 대안이 등장하기 전에는 기업의 이윤을 높여주는 효과적인 마케팅 수단이었지만 이제는 소비자들을 불편하게 만들고 매장을 기피하게 만들 뿐이다. 미래의 리테일에는 이런 요소들이 있어서는 안 된다. 기업이 가진 상업적 의도를 철저하게 배제하고 고객에게 진실되게 다가가는 것만이 온라인 플랫폼에 대한 경쟁력을 가져다줄 수 있다.

조직의 벽을 허물어라

모든 마케팅 원론서는 마케팅의 실행 요소인 4P에 관해 설명한다. 4P는 제품product, 홍보promotion, 가격price, 유통place을 말한다. 그런데 나는 4P를 좋아하지 않는다. 정확히 말하면 네 가지 요소를 개별적으로 설명하고 있는 게 마음에 들지 않는다. 이는 각각이 개별적으로 결정될 수 있다는 인상을 주기 때문이다.

소비자들이 제품이 가진 차별적 우수성을 인식하던 시절에는 네 가지 요소에 대한 결정을 개별적으로 할 수 있었다. 일단 우수한 제품을 개발한 후에, 이 제품을 어떻게 홍보할 것이고, 어떤 채널을 통해 얼마에 판매할지 결정하면 되었다. 하지만 지금은 제품의 품질이나 성능을 인식시키기 어려운 시대다. 홍보 방법, 가격 구조, 매장 운영 방식에 따라 제품의 가치가 달라지므로 네 가지 요소에 대한 결정을 개별적으로 혹은 차례대로 내려서는 안 된다. 브랜드 전략이라는 우산 아래 모든 요소의 영향을 고려하고 모든 요소에 대한 결정이 동시에 이뤄져야 한다.

많은 기업의 문제는 조직의 의사결정 구조가 마케팅 원론의 구조를 따르고 있다는 점이다. 어느 정도 규모가 있는 회사들은 마케팅, 제품 개발, 마케팅 커뮤니케이션, 매장 운영과 영업이 별도의 조직으로 운영한다. 그렇다 보니 각 조직 사이에 유기적인 커뮤니케이션이 일어나기 어렵다. 브랜드 전략과 마케팅 커뮤니케이션이 별도의 조직에 의해 이뤄지다 보니 커뮤니케이션 담당자가 누구인지에 따라 광고 메시지가 크게 바뀌기도 하고, 시기에 따라 전혀 상반된 브랜드 이미지를 전달하기도 한다. 장기적인 관점에서 브랜드 관리를 중요하게 여기는 마케터와 단기적인 매출 증가가 중요한 영업 부서 사이에 충돌도 자주 발생한다. 특히 매장 운영 및 영업 조직이 매출을 늘리기 위해 실시하는 많은 활동이 오히려 브랜드의 상업적 의도를 드러내고 브랜드 가치를 낮추는 역효과를 가져오는 경우가 많다.

반면 온라인에서 큰 성공을 거둔 후에 오프라인 매장을 열고 있는 디지털 네이티브 브랜드들의 경우 의사결정 구조가 단순하다. 온라인 의사결정과 오프라인 의사결정이 별도로 이뤄지지 않는다. 그렇기 때문에 소비자가 온라인과 오프라인에서 브랜드에 대해 가지는 경험의 일관성이 높아 온라인이 매장으로, 매장이 온라인으로 고객을 유도하는 역할을 잘 수행한다.

지금은 기업의 모든 활동이 브랜드와 제품의 가치를 결정하는 시대다. 제품을 사는 과정에 존재했던 시간적, 공간적 장벽은 더 이상 존재하지 않고, 브랜드 차원의 결정만 의미가 있다. 제품, 홍보, 가격, 유통에 대한 개별적인 의사결정은 더는 의미가 없다. 분리된 의사결정 구조는 미래의 리테일을 만들어낼 수 없다. 미래의 리테일을 위해서는 개별적으로 나뉜 의사결정 구조를 허물어야 한다. 업무에 따라 조직이 나뉘고 의사결정이 분리되는 것이 아니라 브랜드에 따라 개별 조직이 만들어져야 한다. 브랜드의 책임자가 브랜드 전략을 세우고, 제품 개발, 홍보, 가격, 그리고 매장의 운영과 영업에 대한 모든 세부적인 계획까지 세워야 한다.

또한 판매량이나 소비자 행동 변화가 조직의 모든 구성원에게 실시간으로 공유되어 변화하는 시장의 흐름에 빠르게 대처하고 소비자의 선호와 취향을 깊이 이해할 수 있어야 한다. 마케터는 매장에서 소비자가 어떻게 행동하는지 쉽게 관찰하고, 상위 의사결정자인 임원은 개별 매장의 판매량 변화 데이터를 수시로 확인할 수 있도록 시스템을 구축해야 한다. 이는 기술의 진보 덕분에 어려운 일이 아니다. 하지만 많은 기업이 여전히 '요약된 보고'에 의존하고 있다. 요약된 보고서는 실시간으로 공유될 수 없어 매출과 보고 사이에 시간적 간극이 크다. 매출 데이터와 보고서 사이의 축약이 클수록 의사결정자는 시장의 변화와 소비자 행동에 대한 깊은 인사이트를 얻기 어렵다. 큰 그림을 보는 데는 도움이 될 수 있겠지만, 그렇다고 실시간으로 제공되는 로데이터raw data(가공되지 않은 본래의 데이터)가 주는 정보를 거부할 필요는 없다.

데이터는 가공되지 않을수록 많은 정보를 담는다. 가공되고 요약되는 과정에서 사람들의 믿음과 관행이 작용하기 때문이다. 학문적 연구도 똑같다. 아직 연구 경험이 부족한 학생들과 연구할 때, 학생들이 요약한 보고서와 직접 분석한 로데이터를 비교하면 같은 데이터에서 전혀 다른 결론이 나오는 경우가 종종 있다. 그들에게 의미 있다고 여겨지는 데이터 패턴이 사실 전혀 의미가 없기도 하고, 그들이 중요성을 깨닫지 못했던 데이터 속에 중요한 발견이 숨겨져 있기도 하다.

어떤 데이터를 선택하고 선택한 데이터에서 어떤 결론을 내릴 것인지 결정하는 것은 의사결정자의 몫이다. 그러니 매출과 소비자 행동 데이터는 가능한 한 원래의 형태로, 그리고 실시간으로 모든 사람에게 공유되는 것이 바람직하다. 이렇게 하면 의사결정자의 부담은 커지지만, 시장에 대해 깊이 이해할 수 있고, 빠른 의사결정이 가능해진다. 데이터의 수직적 공유는 미래의 리테일을 설계하고자 하는 기업이라면 반드시 해야 하는 일이다.

경쟁하지 말고 구조를 파괴하라

미래의 오프라인 리테일을 설계하려는 마케터와 매장 관리자에게 하고 싶은 마지막 이야기는 경쟁 전략을 고민하지 말라는 것이다. 경쟁 전략이란 자신과 가장 유사한 경쟁자를 이길 수 있는 전략을 말한다. 대형마트는 또 다른 대형마트와 경쟁하고, 백화점은 다른 백화점과 경쟁하며, 브랜드 매장을 운영하는 제조사는 다른 제조사와 경쟁한다. 이 경쟁 전략에는 게임의 법칙이 정해져 있다. 동일한 영역에서 경쟁하는 브랜드가 소비자에게 제공하는 가치는 동일하므로 경쟁자보다 그 가치를 더 잘 전달하면 경쟁에서 이길 수 있다. TV를 생각해보자. 소비자들이 TV를 살 때 중요하게 여기는 가치는 화질, 화면 크기, 그리고 가격이다. 경쟁자보다 좋은 화질과 큰 화면을 갖춘 TV를 더 저렴한 가격에 제공하면 경쟁에서 이길 수 있다.

한국 기업은 이런 경쟁 전략에 익숙하다. 한국 시장을 지배해온 외국 브랜드들과 오랜 기간 경쟁하면서 경쟁의 요령을 학습했고, 실제로 큰 성공을 거두었다. 하지만 경쟁 전략에 강하다는 것은 온라인 시대에는 오히려 약점이 될 수 있다. 경쟁 전략은 자신의 경쟁자는 이길 수는 있지만, 경쟁자와 함께 시장에서 사라질 수도 있기 때문이다. TV 제조사가 경쟁사보다 좋은 품질의 TV를 더 저렴하게 판매하면 경쟁사를 이길 수는 있지만, TV를 사는 소비자가 계속 감소하면 경쟁에서 이기고 지는 것은 아무 의미 없는 일이 된다. 지금은 경쟁이 아니라 오프라인 리테일의 새로운 패러다임을 고민해야 하는 시기다. 온라인 플랫폼은 다른 온라인 플랫폼과의 경쟁에서 이기는 것만 고민하면 되지만, 오프라인 매장을 가진 기업은 온라인 플랫폼에 대응하는 새로운 패러다임을 찾아야 한다. 즉, 기업은 경쟁이 아니라 시장의 구조를 파괴해야 한다.

시장에 큰 변화를 가져온 스타트업들만 봐도 경쟁에서 이겼기 때문이 아니라 기존 구조를 파괴했기 때문에 성공할 수 있었다. 넷플릭스가 사업을 시작할 당시만 해도 사람들은 오프라인 매장에 가서 DVD를 빌렸다. 이는 많은 사람들에게 당연한 것으로 여겨졌지만, 넷플릭스는 우편을 통해 DVD를 무제한으로 대여해주는 방식으로 기존 시장 구조를 파괴했다. IPTV업체들이 콘텐츠를 편당으로 결제하는 서비스를 제공할 때에도 넷플릭스는 월정액 방식으로 모든 콘텐츠를 무제한으로 볼 수 있게 하면서 시장의 구조를 파괴했다. 디지털 네이티브 안경 브랜드인 와비파커Warby Parke도 마찬가지다. 와비파커가 사업을 시작할 때 미국의 안경 시장은 룩소티카Luxottica라는 안경 생산업체가 시장을 거의 독점하고 있었다. 여러 브랜드의 안경이 판매되고 있었지만, 이들 대부분은 룩소티카가 만들고 유통하는 안경이었다. 와비파커는 자신들이 만든 안경을 온라인으로 직접 판매하는 방식으로 리테일 구조를 파괴해 룩소티카의 안경 시장 독점을 무너뜨렸다. 우버, 에어비앤비, 달러셰이브클럽도 모두 기존의 시장 구조를 파괴해서 성공한 기업들이다. 오프라인 매장을 가진 기업에 필요한 것은 바로 이런 것이다. 어떻게 하면 온라인 플랫폼이 장악하고 있는 리테일 구조를 파괴할 수 있을지를 고민해야 한다. 여전히 많은 오프라인 매장이 자신의 경쟁 매장보다 더 많은 고객을 모으고 매출을 높이는 데만 집중하고 있는데, 지금 필요한 것은 경쟁이 아니다. 더 넓은 시각에서 현재의 구조를 파괴할 수 있는 전략을 찾아야 한다.

예전에 자주 가던 동네 비디오 대여점이 가끔 생각날 때가 있다. 새로운 영화가 나오면 그 영화를 제일 먼저 보고 싶어서 비디오 대여점으로 뛰어가곤 했다. 비디오 대여점들은 최신작을 빨리 그리고 많이 보유하기 위해 서로 경쟁했다. 하지만 어느 순간 그 많던 대여점은 모두 자취를 감췄다. 여전히 서로 경쟁하고 있는 오프라인 매장의 모습을 보면 예전 비디오 대여점들을 떠올리게 한다. 지금은 경쟁자를 신경 쓸 필요가 없다. 경쟁자보다 이익이 적다고 걱정할 필요도 없다. 중요한 것은 누가 미래의 리테일을 만들 것인가다. 역사 속으로 사라진 비디오 대여점이 될 것인가? 아니면 넷플릭스처럼 새로운 시대를 여는 기업이 될 것인가? 당신의 결정에 달려 있다.

얼마 전 한 신문사 기자와 인터뷰를 했다. 그 기자는 《플라스틱은 어떻게 브랜드의 무기가 되는가》와 관련해 기사를 작성하기 위해 나를 찾아왔다. 그는 나를 만나자마자 이렇게 말했다.

"책 내용이 생각보다 강력해서 놀랐습니다."

책에는 여러 기업의 잘못된 관행에 대한 언급이 있는데, 기자인 자신도 이런 이야기를 하기가 쉽지 않다고 했다. 그리고 경영학과 교수들 중에 나 같은 사람을 만나기가 쉽지 않다고 덧붙였다. 나는 웃으면서 대답했다.

"다음에 나올 책은 거대 플랫폼에 대한 것인데,
내용이 더 강력할 거예요. 제게 무슨 일이 생기면 도와주세요."

　내 책에 대한 이런 반응은 이제 익숙하다. 2020년《노 브랜드 시대의 브랜드 전략》을 출간했을 때부터 자주 경험한 일이다. 경영학자, 특히 마케팅 교수들 가운데 플랫폼의 부정적인 측면에 대해 말하려는 사람은 많지 않다. 플랫폼의 이익에 도움이 되는 광고 기법이나 추천 알고리즘에 대해서는 많은 연구가 진행되고 있지만, 플랫폼의 어두운 면을 연구하는 사람은 찾아보기 어렵다. 그래서인지 나 같은 사람을 신기하게 생각하는 사람들을 종종 만나게 된다.

　사실 마케팅 교수가 플랫폼 기업에 비판적인 시각을 가지는 것이 쉬운 일이 아니다. 이들과 좋은 관계를 유지해야 연구에 필요한 데이터를 얻을 수 있고, 프로젝트에 참여할 기회도 생기기 때문이다. 하지만 나는 경영대학의 교수이기 전에 경영에 대해 연구하는 학자고, 학자라면 자신이 옳다고 생각하는 것에 대해 자신의 목소리를 낼수 있어야 한다고 생각한다. 단지 학자로서 해야 할 이야기를 하는 것뿐인데 이런 반응을 받는 것이 오히려 신기하게 느껴질 뿐이다.

　그렇다고 내가 플랫폼 자체에 대해서 부정적인 생각을 가지고 있는 것은 아니다. 나 역시 여러 플랫폼이 제공하는 혜택과 편리함을 누리고 살아가고 있으며, 한국의 플랫폼 사업자들이 이뤄낸 성과들을 크게 존경한다. '쿠팡 없이 어떻게 살았을까'라는 광고 문구처럼 나도 쿠팡이 없으면 삶에서 많은 불편함을 느끼게 될 것이다.

또한 한국의 많은 젊은이들이 세상에 존재하지 않았던 새로운 플랫폼을 만들어서 세상을 놀라게 하길 기대하고 있다. 단지 나는 거대 플랫폼들이 스스로 공정한 경쟁의 규칙을 만들어내고 자신들의 사회적 책임을 다하길 바랄 뿐이다. 그리고 플랫폼 내·외부에 존재하는 모든 사업자가 만족하면서 플랫폼과 평화롭게 공존하는 세상이 되기를 바랄 뿐이다. 이 책이 그런 세상이 만들어지는 데 작은 도움이 되기를 희망한다.

CHAPTER 1 플랫폼, 몸집을 키우다

1   통계청, 온라인쇼핑 동향, 2021년 1월 보도 자료.

2   "US ecommerce grows 44.0% in 2020", digitalcommerce360, 2021.01.29.

3   산업통산자원부, 유통업체 매출 동향 자료.

4   "전자상거래 소비자 피해 속출", 연합뉴스, 1999.09.28.

5   "한번 살때 통크게…이커머스 '큰손'은 5060", 매일경제, 2020.07.05.

6   미국 하원 반독점 분과위원회 보고서.

7   Statista.

8   통계청, 온라인쇼핑 동향, 2021년 1월 보도 자료.

9   "배달의민족 인수하려면 요기요 팔아라", 한국경제, 2020.11.16

CHAPTER 2 한국의 4대 거대 플랫폼: 쿠네배카

1   와이즈앱.

2   "모바일 앱 핫이슈 리포트", 모바일인텍스, 2020.10.27.

3 "Latest E-Commerce Market Share Numbers Highlight Amazon's Dominance" yahoofinance, 2020.02.05.

4 "[코로나19가 바꾼 한국경제⑭] 쿠팡 VS 반쿠팡연대, 온라인 쇼핑 대세에 유통 지각변동", 녹색경제신문, 2021.05.12.

5 "데이터로 보는 2020년 이커머스 비즈니스 인사이트", 바이라인네트워크, 2020.02.03.

6 "eCommerce and its Profitability Issue. Why its So Hard to Make Money", indigo9digital, 2020.09.18.

7 "'구글 추격 따돌리자'…네이버 검색 지금보다 똑똑해진다", 매일경제, 2012.05.13.

8 "신사업으로 쑥쑥 크는 네이버…매출 5조 3000억원 '역대 최대'(종합)", 조선비즈, 2021.01.28.

9 "Looking for a New Product? You Probably Searched Amazon", emarketer, 2019.03.31.

10 "[IT 플랫폼 전쟁터 된 배달 앱 시장] 숟가락 얹은 쿠팡·위메프 입맛 다시는 네이버·카카오 위태로운 배민 천하", 중앙시사매거진, 2020.08.31.

11 "'K 배달앱' 글로벌 무대서 못뛰나", 서울경제, 2020.11.16.

12 "'오늘은 뭐 시켜?' 배달앱 사용량 25%나 늘었다", 서울경제, 2020.09.08.

13 "규제 없는 공룡 배달앱, B치킨·B피자 만들지 말란 법 없다?", 프레시안, 2020.11.11.

14 "나홀로 매출 성장…대형마트·면세점 안부러운 '편의점'", 머니투데이, 2020.08.18.

15 "규제 없는 공룡 배달앱, B치킨·B피자 만들지 말란 법 없다?", 프레시안, 2020.11.11.

16 "[엄지용의 물류 까대기] 왜 지금 'B마트'를 주목해야 하는가", 바이라인네트워크, 2020.09.10.

17 "카카오, 앱 사용자는 1위·이커머스 시장 점유율은 7위…'카톡'에 쇼핑

더할 전략은?", 오피니언뉴스, 2021.05.10.

18 "'쇼핑 공룡' 네이버 몸집 더 키우는데…카카오, 텃밭 '선물하기'로 장기전
    준비", 조선비즈, 2021.06.16.

19 "손님은 웃돈, 기사는 추가 수수료… '택시 독점' 카카오만 웃는다", 조선일
    보, 2021.06.14.

20 "카카오택시를 통한 CSR, 사회 성장을 돕다", 소비자평가, 2016.07.17.

21 "손님은 웃돈, 기사는 추가 수수료… '택시 독점' 카카오만 웃는다", 조선일
    보, 2021.06.14.

22 "이번엔 내분…뿔난 카카오 가맹택시 기사들 '협의회' 결성", 아시아경제,
    2021.04.01.

23 "열흘 만에 1만 명 몰린 '카카오T 퀵', 다음 달 출시", 블로터, 2021.05.07.

CHAPTER 3 플랫폼의 비밀

1 "Why (almost) everything you knew about Google CTR is no longer
   valid", sistrix, 2020.07.14.

2 "Amazon's New Competitive Advantage: Putting Its Own Products First",
   propublica, 2020.06.06.

3 "Amazon Changed Search Algorithm in Ways That Boost Its Own
   Products", The Wall street Journal, 2019.09.16.

4 Choi, J., & Fishbach, A. (2011). Choice as an end versus a means. Journal
   of Marketing Research, 48(3), 544-554.

5 "How Target Figured Out A Teen Girl Was Pregnant Before Her Father
   Did", Forbes, 2012.02.16.

6 "['슈테크' 체험기] 내수 5000억 '운동화 리셀'…한정판 운동화 추첨 응모
   해보니, 뉴스웍스, 2021.05.14.

CHAPTER 4 플랫폼 제국에서 살아남기 위해 브랜드가 꼭 알아야 할 것들

1   "Nike's Focus on Direct-to-Consumer Channels and e-Business Pays Dividends as Digital Sales Increase - ResearchAndMarkets.com", businesswire, 2020.09.24.

2   Zauberman, G., Kim, B. K., Malkoc, S. A., & Bettman, J. R. (2009). Discounting time and time discounting: Subjective time perception and intertemporal preferences. Journal of Marketing Research, 46(4), 543-556.

3   Harsanyi, J. C. (1966). A bargaining model for social status in informal groups and formal organizations. Behavioral Science, 11(5), 357-369.

4   Anderson, C., Hildreth, J. A. D., & Howland, L. (2015). Is the desire for status a fundamental human motive? A review of the empirical literature. Psychological Bulletin, 141(3), 574.

5   Baumeister, R. F., & Leary, M. R. (1995). The need to belong: desire for interpersonal attachments as a fundamental human motivation. Psychological bulletin, 117(3), 497.

6   Fung, H. H., & Carstensen, L. L. (2003). Sending memorable messages to the old: age differences in preferences and memory for advertisements. Journal of personality and social psychology, 85(1), 163.

7   Fromkin, H. L., & Snyder, C. R. (1980). The search for uniqueness and valuation of scarcity. In Social exchange (pp. 57-75). Springer, Boston, MA.

8   Fromkin, H. L. (1972). Feelings of interpersonal undistinctiveness: An unpleasant affective state. Journal of Experimental Research in Personality.

9   Duval, S., & Wicklund, R. A. (1972). A theory of objective self awareness.

10 Fromkin, H. L. (1970). Effects of experimentally aroused feelings of undistinctiveness upon valuation of scarce and novel experiences. Journal

of personality and social psychology, 16(3), 521.

11 Ariely, D., & Levav, J. (2000). Sequential choice in group settings: Taking the road less traveled and less enjoyed. Journal of consumer Research, 27(3), 279-290.

12 Rotter, J. B. (1966). Generalized expectancies for internal versus external control of reinforcement. Psychological monographs: General and applied, 80(1), 1.

13 Langer, E. J. (1975). The illusion of control. Journal of personality and social psychology, 32(2), 311.

14 Alloy, L. B., & Abramson, L. Y. (1979). Judgment of contingency in depressed and nondepressed students: Sadder but wiser?. Journal of experimental psychology: General, 108(4), 441.

15 "명품은 회복도 빨랐다…LVMH · 에르메스 · 케링 사상 최고가 기록", 한국경제, 2020.11.19.

16 "전세계 불황에도…한국만 '명품불패'", 매일경제, 2020.07.17.

17 "13만원이 사흘만에 210만원…1020의 '따상' 운동화 재테크", 머니투데이, 2020.11.10.

18 "The global sneaker resale market could reach $30 billion by 2030", yahoofinance, 2020.06.22

19 Shaw, H., Ellis, D. A., Kendrick, L. R., Ziegler, F., & Wiseman, R. (2016). Predicting smartphone operating system from personality and individual differences. Cyberpsychology, Behavior, and Social Networking, 19(12), 727-732.

20 Lohse, G. L., & Spiller, P. (1999). Internet retail store design: How the user interface influences traffic and sales. Journal of Computer-Mediated Communication, 5(2), JCMC522.

CHAPTER 5 플랫폼을 이기는 브랜드 채널 전략

1 Janakiraman, N., Syrdal, H. A., & Freling, R. (2016). The effect of return policy leniency on consumer purchase and return decisions: A meta-analytic review. Journal of Retailing, 92(2), 226-235.

2 Kim, K., & Zauberman, G. (2019). The effect of music tempo on consumer impatience in intertemporal decisions. European Journal of Marketing.

3 Kim, B. K., & Zauberman, G. (2013). Can Victoria's Secret change the future? A subjective time perception account of sexual-cue effects on impatience. Journal of Experimental Psychology: General.

4 "Can Abercrombie Reverse Declining Fortunes For Its Core A&F Brand?", Forbes, 2019.09.10.

5 "Ulta Beauty Revenue 2007-2021", macrotrends.

플랫폼 제국의 탄생과 브랜드의 미래

쿠팡, 네이버, 배민보다 먼저 찾는 브랜드는 무엇이 다른가

초판 1쇄 발행 2021년 9월 15일
초판 3쇄 발행 2022년 1월 28일

지은이 김병규
펴낸이 성의현
펴낸곳 (주)미래의창

편집주간 김성옥
책임편집 김효선
홍보 및 마케팅 연상희 · 김지훈 · 이희영 · 이보경

출판 신고 2019년 10월 28일 제2019-000291호
주소 서울시 마포구 잔다리로 62-1 미래의창빌딩(서교동 376-15, 5층)
전화 070-8693-1719 **팩스** 0507-1301-1585
홈페이지 www.miraebook.co.kr
ISBN 979-11-91464-49-8 03320

생각이 글이 되고, 글이 책이 되는 놀라운 경험. 미래의창과 함께라면 가능합니다. 책을 통해 여러분의 생각과 아이디어를 더 많은 사람들과 공유하시기 바랍니다.
투고메일 togo@miraebook.co.kr (홈페이지와 블로그에서 양식을 다운로드하세요)
제휴 및 기타 문의 ask@miraebook.co.kr